Aufgetischt

Das Buch zur Serie von Ⓜ **Das Medienhaus**

Ⓜ **Das Medienhaus**
Meine Zeitung für zuhause
Das Medienhaus für mein Leben

Impressum

VERLAG
© 2015 Mittelbayerischer Verlag KG
Kumpfmühler Straße 15, 93047 Regensburg

REDAKTION
Mittelbayerischer Verlag

PRODUKTMANAGEMENT
Tobias Mooshammer (Ltg.), Katharina Schmidt

LAYOUT
Irene Daxer, irene@grafik-daxer.de

DRUCK
Erhardi Druck GmbH
Leibnizstraße 11, 93055 Regensburg

AUFLAGE / JAHR
1. Auflage 2015

ISBN
978-3-942389-25-9

FOTOS
Titelbilder:
© StockFood / Hoffmann, Matthias
© StockFood / Stepien, Malgorzata
© StockFood / Joff Lee Studios
© StockFood / Rees, Peter
S. 003: fotolia © gitusik
S. 208: fotolia © karandaev
Buchrücken:
fotolia © kab-vision
fotolia © Alexander Raths

Vorwort

Liebe Leserinnen, liebe Leser!

Es war buchstäblich eine Entscheidung aus dem Bauch heraus, als die Mittelbayerische Zeitung vor über zehn Jahren die Aufgetischt-Seite einführte: Der Genuss stand im Vordergrund – in der eigenen Küche wie auch in den Gaststuben der Region. Redakteurinnen und Redakteure teilen seither jede Woche Rezepte und Entdeckungen mit Ihnen, gewürzt durch persönliche Erfahrungen und Anekdoten. Das Layout hat sich geändert, geblieben ist das Motto: kochen und essen nach Lust und Laune, nicht wie die Profis, aber doch möglichst professionell. Erlaubt ist, was schmeckt – und das ist freilich immer subjektiv.

Ebenso subjektiv ist die Auswahl von 50 Gasthäusern und 50 Rezepten aus Aufgetischt-Seiten der letzten Jahre, die wir Ihnen hier vorstellen. Sie folgen den Vorlieben der Autorinnen und Autoren – von einfach bis anspruchsvoll, von italienisch bis asiatisch, von leicht bis deftig. Während Rezepte zeitlos sind, geben die Gasthaus-Tipps Momentaufnahmen wieder. Vielleicht steht nicht mehr jedes erwähnte Gericht auf der Karte, aber die Grundaussage stimmt nach wie vor.

Mit diesem Buch laden wir Sie ein, den kulinarischen Reichtum der Region zu entdecken und gemeinsam zu kochen und zu essen. Denn das ist nicht nur ein Trend, sondern ein Lebenswert an sich. Im Übrigen kann das ganz einfach sein – Tomaten, Olivenöl, Basilikum, Salz, Pfeffer und Nudeln reichen mitunter für das kleine Glück auf dem Teller. Guten Appetit!

Ihre

Angelika Sauerer
Redaktion „nr. sieben" (Wochenende)

50 Lokale

Lebensqualität und Charakter einer Region spiegeln sich in ihren Gasthäusern. Sie bilden die Visitenkarte eines Landstrichs. Hier zeigen sich Weltoffenheit und Bodenständigkeit, trifft Fremdes auf Heimisches, verbinden sich Tradition und Moderne. Neben kulinarischen Genüssen bereichern uns Wirtshäuser freilich auch mit zwischenmenschlichen Begegnungen. In den 50 Restaurants auf den folgenden Seiten haben unsere Autorinnen und Autoren diese besondere Art von Gastlichkeit erlebt und in Momentaufnahmen beschrieben.

Inhalt – Lokale

AMBERGER REGION

Café Restaurant Schön Kilian, Amberg	019
Restaurant SoulFood, Auerbach	077
Gasthaus Laurer, Birgland	033
Landhotel Weißes Roß, Illschwang	063
Hotel Forsthof, Kastl	049
Brauerei-Gasthof Sperber, Sulzbach-Rosenberg	015

CHAMER REGION

Wirtshaus Osl, Bad Kötzting	105
Rhaner Bräustüberl, Cham	079
Hotel am See, Roding-Neubäu	047
„Gregor's" im Hotel Wutzschleife, Rötz	043
Restaurant Göttlinger, Waffenbrunn	069

KELHEIMER REGION

Turmrestaurant bei Zoran, Abensberg	095
Schwögler, Bad Abbach	085
Ritterschänke Burg Randeck, Essing-Randeck	081
Weisses Brauhaus, Kelheim	099
Espert-Klause & Bar, Mainburg	025
Gasthaus Paulus, Marching	035
Forst' s Landhaus, Riedenburg	027
Gasthaus Schwan, Riedenburg	037

NEUMARKTER REGION

Gallus, Beilngries	031
Historischer Gasthof Stirzer, Dietfurt	045
Winkler Bräu, Lengenfeld-Velburg	101
Landgasthaus Almhof, Neumarkt-Höhenberg	059
Hotel-Gasthof Lehmeier, Neumarkt	053
Lex Café Bistro, Neumarkt	065
Landgasthof Meier, Pilsach-Hilzhofen	061

REGENSBURGER REGION

Forsters Gasthof zur Post, Donaustauf	029
Brauereigasthof Eichhofen, Eichhofen	011
Gaststätte Höhenhof „Zum Schützenwirt", Oberhinkofen	039
Storstad, Regensburg	089
Restaurant Lessing, Regensburg	071
Kreutzers Restaurant, Regensburg	057
Trattoria da Fernando, Regensburg	093
Restaurant Mirabelle, Regensburg	073
Da Pietro e Fabio, Regensburg	021
Bodega vinos y Tapas, Regensburg	009
Buddies Burger Bar, Regensburg	017
Tiziano Ristorante-Bar, Regensburg	091
ASAHI – Running Sushi, Regensburg	007
Restaurant Orphée, Regensburg	075
Silberne Gans, Regensburg	087

SCHWANDORFER REGION

WIP, Burglengenfeld	103
Einkehr zur alten Post, Maxhütte-Ponholz	023
„Restaurant Eisvogel im Landhotel Birkenhof", Neunburg	067
Weiherblasch, Schönsee	097
Hufschmiede, Schwandorf	055
Rossini Pizzeria Ristorante, Schwandorf	083
Brauereigasthof Plank, Schwandorf-Wielfelsdorf	013
Hotel Landgasthof Burkhard, Wernberg-Köblitz	051
Gourmetrestaurant „Kastell", Wernberg-Köblitz	041

Auf bunten Tellerchen laufen die Köstlichkeiten von Tao (li.) und Nguyen Asahi über das Sushi-Band.

Gastrotipp: ASAHI – Running Sushi

Sushi am laufenden Band

Im Asahi im Regensburger Süden werden japanische Köstlichkeiten serviert.

VON ANDREA FIEDLER, MZ, ERSCHIENEN AM 04.04.2015

Manche lieben es, andere können mit „All you can eat" einfach nichts anfangen. Ich gehöre eigentlich zur zweiten Gruppe und mag Sushi lieber übersichtlich auf dem Teller anstatt auf dem Förderband. Wie gut Running Sushi aber sein kann, beweist nun das Asahi in der Theodor-Storm-Straße in Regensburg. In dem kleinen Lokal bringt ein 18 Meter langes Förderband die japanischen Köstlichkeiten zu den Gästen.

Wir sind früh dran an diesem Samstagabend und sitzen ruhig an einem Ende des grün beleuchteten Bandes. Bunte Tellerchen drehen auf ihm ihre Runden. Nicht nur Sushi, sondern auch Vor- und Nachspeisen erkennen wir unter den Plastikhauben.

Zum Start bestellen wir Jasmintee, dessen Duft uns direkt in Urlaubsstimmung bringt. Dann greifen wir zur ersten Kleinigkeit: Ein Salat aus Sojasprossen – gut abgeschmeckt und knackig ist er ein super Auftakt. Meine Begleiter entscheiden sich für frittierte Klassiker und starten mit knusprigen Minifrühlingsrollen und kross gebackenem Hühnchenfleisch.

Das Sushi-Angebot ist abwechslungsreich: Neben den mit dunkelgrüner Alge umwickelten Maki-Rollen gibt es auch puristisch anmutende Nigiri. Ovale Reisbällchen, auf denen in der Küche Omelett, Lachs oder Garnele drapiert wurde. Unsere Favoriten sind klassische Rollen: Roher Lachs, Frischkäse und wenig Gemüse sind eine bewährte, aber leckere Kombination. Etwas ausgefallener ist da schon die Version mit frischer Mango oder Sushi im italienischen Stil. Im Asahi gibt es Rollen gefüllt mit Tomate, Mozzarella und Basilikum. Wer gegenüber solchen Kreationen skeptisch ist, darf ruhig mal mutig sein: Diese Sushi schmecken ungewöhnlich – und gar nicht schlecht. Wer genug hat von Fisch und Reis, für den gibt es Süßes. Die frittierten Bananen werden mit Kokosmilch angerichtet. Es gibt frisches Obst und außergewöhnliche Teigbällchen, die mit Bohnenpaste gefüllt sind.

Uns hat es geschmeckt. Der Beweis: ein stetig wachsender Tellerstapel an unserem Platz. Und wer trotzdem nicht auf die Idee Running Sushi steht, der kann sich im Asahi auch ein Gericht von der Karte bestellen.

ASAHI – RUNNING SUSHI
Theodor-Storm-Straße 18
93051 Regensburg
Telefon: (0941) 99 259 519

ÖFFNUNGSZEITEN
Mo bis Sa: 11.00 – 14.30 Uhr und 17.00 – 22.00 Uhr,
So und Feiertag: 17.00 – 22.00 Uhr

BESONDERHEITEN
Auf dem 18 Meter langen Sushi-Förderband werden nicht nur Reishappen, sondern auch Vor- und Nachspeisen transportiert.

Foto: Tino Lex

Bodega-Mitarbeiter Achim serviert Gambas, Schweinespießchen, Minikartoffeln, Chili und Schmorgemüse mit Aioli.

Gastrotipp: Bodega vinos y Tapas

Köstlichkeiten in Tonschälchen

In der Bodega lässt sich bei Wein und Tapas vom Urlaub in Spanien träumen.

VON MARTIN ANTON, MZ, ERSCHIENEN AM 02.05.2015

Wie die Bayern sind die Katalanen stolz auf ihre traditionelle Küche, in der häufig Fleisch mit Meeresfrüchten kombiniert wird. Zwar gibt es in Regensburg kein rein katalanisches Restaurant. Doch mit Tapas, quasi der spanischen Antwort auf Brotzeit, lässt sich bekanntlich allerhand kombinieren.

Zwischen Haidplatz und Unterer Bachgasse gibt es einen Fleck, an dem das oft zitierte mediterrane Flair Regensburgs tatsächlich aufkommt. Die Restaurants Orphée und Bodega teilen sich einen Hinterhof, der – mit bunten Lichterketten und Kunst an den Hauswänden – an Sommerabenden zu den schönsten Orten der Stadt zählt.

Einzig Ende April fehlen noch ein paar Grad im Mittelmeervergleich und so genießen wir die gemütliche Atmosphäre im hohen Gewölbe der Bodega. Die Tapaskarte bietet eine große Auswahl, auch für Gourmets, die weder Fleisch noch Fisch essen. An den Klassikern Patatas Bravas und Pimientos de Padrón kommen wir nicht vorbei. Der bitter-süße Geschmack der frittierten spanischen Paprika, gemischt mit dem grobkörnigen Meersalz, macht süchtig. Die marinierten Zucchini schmecken dank Dill sommerlich frisch, die gebratenen Artischocken lassen sich olivenöl-geschmeidig am Gaumen zerdrücken – so wie auch das zart gekochte Fleisch im Lammeintopf in einer würzigen Tomatensoße serviert.

Doch all die Köstlichkeiten in den Tonschälchen sind ja traditionell eher Beiwerk zum Wein. Auch hier bietet die Bodega eine feine Auswahl aus den spanischen Anbaugebieten – sodass wir uns fast schämen, den Hauswein zu nehmen. Doch dessen sanfter Vanillegeschmack, im Mund mit spanischem Schafskäse und gerösteten Mandeln vermischt, beseitigt die Zweifel.

Als Nachspeise doch noch etwas aus dem Kochbuch der Katalanen: Die haben nämlich, wie die Bayern, ihre eigene Crema kreiert. Ein cremiger Pudding, eher mit Zitrus- als mit Vanillenote und nach Art der Crème brûlée mit einer knisternden Karamellkruste bedeckt. Ein Sherry wogt zum Abschluss wie flüssig gewordene Rosinen in der Mundhöhle und lässt die kalte bayerische Nacht vergessen.

BODEGA VINOS Y TAPAS
Vor der Grieb 1 a
93047 Regensburg
Telefon: (0941) 55 840 486
www.bodega-regensburg.de

ÖFFNUNGSZEITEN
Di bis Do: 18.00 – 1.00 Uhr,
Fr und Sa: 18.00 – 2.00 Uhr, So 18.00 – 24.00 Uhr,
Montags geschlossen

BESONDERHEITEN
Im Sommer schönes Hof-Ambiente, unregelmäßig werden Fiestas und Konzerte veranstaltet.

Foto: Tino Lex

Felix Wagner, Küchenchef des Brauereigasthofs in Eichhofen, serviert Spanferkel mit Kraut und Rüben sowie Kartoffelstampf.

Gastrotipp: Brauereigasthof Eichhofen

Bayerisch, pfiffig und echt lecker

Der Brauereigasthof in Eichhofen ist längst kein Geheimtipp mehr.
Denn seit Jahren macht die Küche dort eine tolle Arbeit.

VON JOSEF PÖLLMANN, MZ, ERSCHIENEN AM 21.03.2015

Es gibt Lokale, die man immer wieder gern besucht – weil man von der Küche nie enttäuscht wird. Der Brauereigasthof in Eichhofen gehört für uns seit Jahren zu diesen Gaststätten. Denn die Inhaberfamilie Schönharting versteht es, der bayerischen Wirtshaustradition eine besondere Note zu verleihen. Diese Einschätzung sollte sich auch bei unserer letzten Einkehr bestätigen.

Viel Gutes haben wir in den letzten Monaten über Küchenchef Felix Wagner gehört. Wir sind gespannt, was er und sein Team an diesem Mittwochabend auf den Tisch zaubern. Schließlich versprechen die Schönhartings eine gleichbleibend hohe Qualität. Die Gaststube ist sehr gut gefüllt, dennoch kümmert sich der Service um uns, als wären wir die einzigen Gäste.

Was wir natürlich bestellen, ist ein Bier, das in Eichhofen gebraut wird. Die Hausspezialität namens Premium Dunkel steht wenig später auf dem Tisch. Die Essensbestellung fällt uns nicht ganz so leicht, denn die Karte ist einerseits überschaubar, andererseits klingt ein Gericht besser als das andere.

Als Vorspeise wählen wir den Feldsalat mit Granatapfel, Trauben und Topinamburchips sowie eine Rote-Bete-Suppe mit Meerrettichschaum. Das Eichhofener Biergulasch ist eine Mahlzeit, wie man sie sich in einem bayerischen Wirtshaus wünscht. Das Fleisch ist überzogen mit einer kräftigen Soße. Dazu gibt es Wurzelgemüse, Semmelknödel und Salat. Schön barock! Gut ist, dass es in Eichhofen auch genügend fleischlose Alternativen gibt, die schmecken und raffiniert gemacht sind. Wie etwa die Dinkelgnocchi in Tomatensoße mit Oliven, Rucola und lila Chips. Das ist eben Küche mit Pfiff. Die Portionen sind reichlich, deswegen teilen wir uns ein Dessert. Der warme Schokoladenkuchen ist ein Genuss. Das Himbeerparfait passt perfekt dazu. Ein Lob für die Küchencrew!

Wir beschließen prompt, den nächsten schönen Frühlingstag für einen Radausflug nach Eichhofen zu nutzen. Vielleicht hat dann auch schon der schöne Biergarten des Gasthofs, der direkt am Flüsschen Laber liegt, geöffnet.

BRAUEREIGASTHOF EICHHOFEN
Von-Rosenbusch-Straße 3
93152 Eichhofen
Telefon: (09404) 1662

ÖFFNUNGSZEITEN
Mi, Do und Fr: 17.00 – 23.00 Uhr
Sa und So: 11.00 – 23.00 Uhr

BESONDERHEITEN
Im Brauereigasthof gibt es regelmäßig attraktive Kulturveranstaltungen.

Foto: Tino Lex

Sabrina und Koch Thomas, die Kinder von Wirtin Brigitte Plank, probieren im Biergarten des Brauereigasthofes vom frischen Spargel.

Gastrotipp: Brauereigasthof Plank

Genießerplatzl über dem Naabtal

Im Wiefelsdorfer Brauereigasthof Plank schlägt das Herz der Biergartenfreunde höher.

VON GUNTER LEHMANN, MZ, ERSCHIENEN AM 05.05.2012

Der Blick über das Naabtal ist weit. Die Tische und Bierbänke unter den alten Kastanien strahlen auf den ersten Blick Gemütlichkeit aus. Wer im Biergarten des Brauereigasthofs Plank in Wiefelsdorf Rast macht, schnuppert Landluft und tankt die Atmosphäre einer traditionellen Brauereiwirtschaft, wie es sie einst in der Oberpfalz vielfach gegeben hat.

Ob gutbürgerlich oder zünftig-deftig – Wirtin Brigitte Plank hält für beide Fraktionen von Biegartenbesuchern eine übersichtliche, aber abwechslungsreiche Speisekarte bereit. Die Weißbierspezialitäten aus dem eigenen Brauhaus runden den Biergartengenuss ab. Als Aperitif sei auch dem bekennenden Anhänger des bayerischen Reinheitsgebots die Mischung aus hellem Jura-Weizen mit einem Schuss Aperol empfohlen. Der Wiefelsdorfer Sprizz im Miniaturweizenglas kommt erfrischend-fruchtig und mit der herben Note des Weißbiers daher. Wer es etwas süßer und gehaltvoller mag, ist bei der Naabtallaterne gut aufgehoben, einem dunklen Bier mit einem Schuss Grenadine.

Auf der Saisonkarte fällt die Wahl sofort auf ein Spargelgericht. Vier Variationen stehen zur Auswahl. Das Gemüse stammt vom Schwandorfer Spargelhof Scharl und hat den richtigen Biss, genau wie der Zander, der gemeinsam mit Schnittlauchkartoffeln dazu gereicht wird. Die Forellen der Fischkarte entspringen dem Quellwasser des Katzbaches bei Guteneck. Das Prädikat fangfrisch schmeckt man förmlich. Überhaupt scheint die Wirtin großen Wert auf regionale Produkte zu legen, denn auch das angebotene Wild stammt, laut Speisekarte, aus heimischen Revieren. Zum Spargel passt ein 2014 Sulzfelder Sauvignon Blanc vom Weingut Zehnthof Luckert, Franken / Sulzfeld (16 ha biodynamische Bewirtschaftung), der sich auch unter dem Kastanienhimmel des Biergartens gut genießen lässt. Zur Forelle darf es doch ein Weißbier sein, das die Brauerei Plank in den Variationen hell, dunkel, leicht und seit Kurzem alkoholfrei auf den Markt bringt.

Das selbst gemachte Tiramisu ist ein gelungener Abschluss, auch wenn es die Testesser daran hindert, die Küche mit einer Portion Wiefelsdorfer Sulz auf die ultimative Biergartenprobe zu stellen.

BRAUEREIGASTHOF PLANK
Wiefelsdorfer Straße 1
92421 Schwandorf-Wiefelsdorf
Telefon: (09431) 60 889
www.brauereigasthof-plank.de
info@brauereigasthof-plank.de

ÖFFNUNGSZEITEN
Werden saisongemäß angepasst, einfach telefonisch anfragen 09431 60 889 oder unter www.brauereigasthof-plank.de

Foto: Gabi Schönberger

Zünftiges Essen begeistert ein bunt gemischtes Publikum: Im Brauerei-Gasthof Sperber in Sulzbach-Rosenberg legt man gerne eine Pause ein.

Gastrotipp: Brauerei-Gasthof Sperber

Ein wirklich gelungener Tag

Hier würzt das hausgebraute Bier den Schweinebraten.
Unbedingt probieren sollte man die würzigen Bratkartoffeln.

VON ISOLDE STÖCKER-GIETL, MZ, ERSCHIENEN AM 10.03.2007

Es ist Samstagmittag und wir zwei Frauen sind völlig geschafft von einem ausgiebigen Einkaufsbummel. Auch die Kinder nörgeln und wollen endlich etwas zu essen. Deshalb haben wir zunächst auch keinen Blick übrig für die größte Schlossanlage Nordostbayerns, sondern steuern in Sulzbach-Rosenberg direkt den Brauerei-Gasthof Sperber an. Fast alle Tische in dem wunderschön restaurierten Wirtshaus sind besetzt. Touristen und Einheimische sitzen vor ihrem Zoiglbier und genießen Schweinsbraten oder Schäuferl. Es duftet herrlich und uns läuft das Wasser im Mund zusammen. Wir setzen uns und werden sofort bedient.

Die Speisekarte ist schön übersichtlich und bietet übrigens auch einen „billigen Jakob", ein Tagesgericht inklusive Suppe, für sehr faire 5,50 Euro an. Wir bestellen Schweinelendchen nach Art des Hauses (13,80 Euro), Toast Madame ohne Paprika (8,90 Euro) für die Kinder und einen Bierkrustenbraten (9,80 Euro). Bierbraten ist leider aus, muss uns die Bedienung enttäuschen. Gerne hätten wir gekostet, welche Würze das Bier aus der hauseigenen Brauerei dem Schweinsbraten verleiht. Schade, dann muss eben Sperber's Grillteller (8,90 Euro) den MZ-Test bestehen.

Die Lendchen kommen fix auf den Tisch und Anna-Lena will nicht länger auf ihren Toast warten. Die leckeren Spätzle und die Soße lobt sie. Auch das Fleisch muss ihr gemundet haben, denn für uns Erwachsene bleibt nur noch eine kleine Kostprobe. Inzwischen wird der Grillteller serviert und die Bedienung entschuldigt sich, dass der Toast noch dauert, weil er zunächst mit Paprika zubereitet worden sei. Wir freuen uns, dass unsere Wünsche nicht einfach übergangen wurden. Deshalb teilen wir uns den Grillteller mit Hähnchenbrust und Filets von Rind und Schwein. Das Fleisch ist saftig. Doch das Allerbeste sind die Bratkartoffeln. So gut kriegt man die zu Hause nie hin!

Als der Toast gebracht wird, wollen unsere eigentlich satten Kinder nochmal probieren. Das in den Toast gehüllte Lendchen ist leicht gewürzt, ideal für Kinder, finden wir – wir würzen allerdings etwas nach. Das leckere Essen runden wir mit einem kunterbunten Eisbecher (2,80 Euro) ab. Erst erfolgreich einkaufen und dann ausgezeichnet und günstig essen – wir hatten einen wirklich gelungenen Tag.

BRAUEREI-GASTHOF SPERBER
Rosenberger Straße 14
92237 Sulzbach-Rosenberg
Telefon: (09661) 87 090

ÖFFNUNGSZEITEN:
Warme Küche bis 14.00 Uhr
und ab 17.30 Uhr; kein Ruhetag

BESONDERHEITEN
Kinderkarte, Bierspezialitäten aus
eigener Brauerei

Foto: Brauerei-Gasthof Sperber

Kellnerin Nicole serviert den „King of Bacon", ein Burger mit zweimal Fleisch und scharfen Jalapeños. Dazu gibt es belgische Pommes.

Gastrotipp: Buddies Burger Bar

Dicker Kumpel mit Käse

In Buddies Burger Bar in Regensburg kommt der Klassiker lecker und vielfältig auf den Teller.

VON ANDREA FIEDLER, MZ, ERSCHIENEN AM 07. 02.2015

Die guten Vorsätze zum Jahresanfang haben wir hinter uns gelassen. Von wegen Verzicht – bei Schnee und Kälte muss jetzt das perfekte Wohlfühlessen auf den Teller. Wir stehen in Buddies Burger Bar, die im renovierten Parkhaus am Petersweg in Regensburg eröffnet hat. Hier gibt es das, was Wintergeplagte schnell glücklich und pappsatt macht: Jede Menge Burger und Pommes.

Ein bisschen Industrie-Schick, etwas Holz und sanftes Licht: So kommt das Lokal daher, das – wie bereits andere Läden in Regensburg – auf qualitativ hochwertige Burger anstatt charakterloses Fastfood setzt. Fleisch aus der Region, handgemachte Burgerbuns (also Semmeln), frische Dips und Chutneys verspricht die Karte.

In Buddies Burger Bar gibt es auch Salate oder Steaks. Trotzdem entscheiden wir uns für den Klassiker, den der Laden schon im Namen trägt: Wir nehmen einen „Buddies Cheese". Ein Cheeseburger, den wir noch mit Avocado toppen. Außerdem ordern wir den Burger namens „The Jack". Das Fleischpatty bekommen wir medium, was den Burger saftig macht. Der Klassiker mit Käse schmeckt einfach wunderbar. Cheddar und Dip würzen, übertünchen aber nicht den guten Fleischgeschmack. „The Jack" wartet mit Le Gruyère, Champignons und Barbecue-Sauce auf und steht dem Cheeseburger in nichts nach.

In einer weißen Emaille-Tasse werden uns belgische Pommes serviert. Sie sind krosser als ihre Kollegen aus Süßkartoffel, die wir ebenfalls geordert haben. Am Geschmack dieser orangefarbenen Pommesvariante haben wir aber nichts auszusetzen. Unser Geheimtipp sind am Ende doch die Zwiebelringe, die von einem Bierteig umhüllt sind. Sie schmecken leicht säuerlich, den knusprigen Mantel verfeinern mediterrane Kräuter. Wer nach Burger und Pommes noch Appetit auf Süßes hat, liegt mit einem Brownie richtig. Der stillt jede Schokolust. Nach einem leckeren Essen wären wir gerne noch ein wenig sitzengeblieben. Das Ambiente lädt ein dazu. Leider ist der Andrang in Buddies Burger Bar aber groß. Nach eineinhalb Stunden müssen wir aufbrechen – die nächsten Gäste warten auf den Tisch.

BUDDIES BURGER BAR
St.-Petersweg 15
93047 Regensburg
Telefon: (0941) 59 990 270

ÖFFNUNGSZEITEN
Mo bis Sa: 11.00 – 2.00 Uhr,
So und Feiertage: 17.00 – 1.00 Uhr

BESONDERHEITEN
Jede Woche steht eine andere besondere Burgerkreation auf der Karte.

Foto: Tino Lex

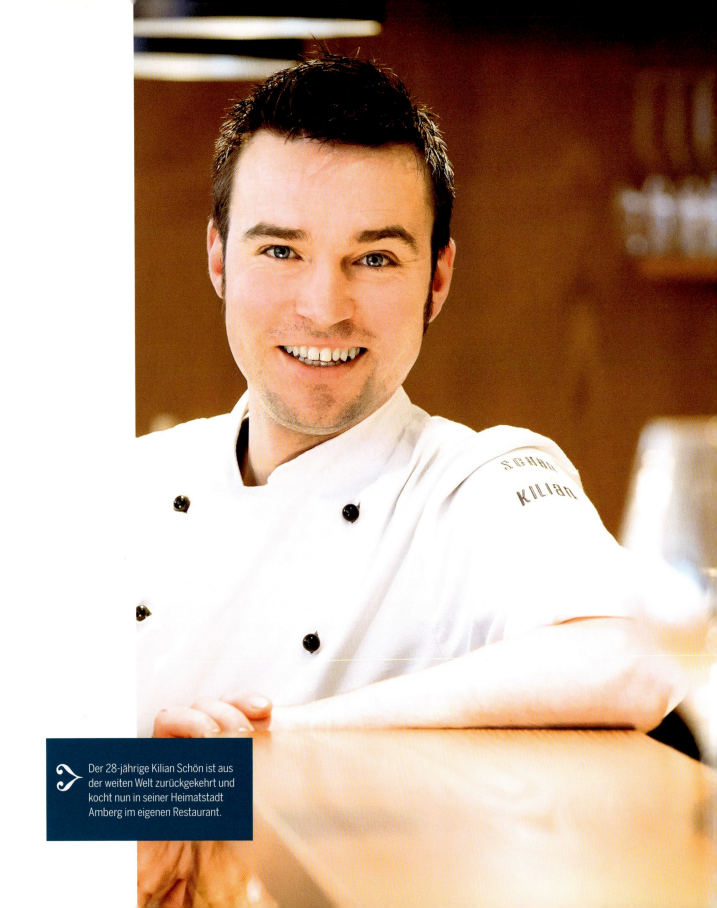

Der 28-jährige Kilian Schön ist aus der weiten Welt zurückgekehrt und kocht nun in seiner Heimatstadt Amberg im eigenen Restaurant.

Gastrotipp: Café Restaurant Schön Kilian

Schön lockt mit Heimat und Stil

Ein junger Koch kehrt nach Hause zurück
und erobert die Amberger.

VON CLAUDIA BOCKHOLT, MZ, ERSCHIENEN AM 06.12.2008

Darf ich Ihnen den Mantel abnehmen? Das darf die nette Kellnerin natürlich gerne und wir nehmen Platz am schlicht und elegant gedeckten Tisch im Schön Kilian. So heißt der Inhaber, gerade 28 Jahre alt, der nach Wanderjahren als Koch – die ihn nach Freiburg, Neuseeland, London und zu Sternekoch Stefan Hermann nach Dresden führten – in seine Heimat zurückgekehrt ist.

Lange hat er am Konzept für das eigene Restaurant getüftelt, denn er wollte „etwas Besonderes" schaffen in der Stadt, in der er sich fest verwurzelt fühlt. Anfang September öffnete sein Café und Restaurant, das tagsüber wie abends feinste Kost bietet. Es ist hell, offen und modern. Die Sitzecke mit Holzklotztischchen und Kuhfell schreckt Senioren nicht ab: Nachmittags schlemmen hier feine Damen mit Hut hausgemachte Torten und Pralinen.

Am Abend glitzern Gläser, Besteck und silberne Weihnachtssterne und verbreiten festliche Stimmung. Kein Grund, die Stimme zu senken, denn der Geräuschpegel ist – nicht nur wegen der großen Gesellschaft am Nebentisch – erheblich. Dieses kleine Manko macht die Kellnerin wieder wett. Sie bietet Hilfe bei der Auswahl des Weins an, weist auf die Wildspezialitäten aus dem Fensterbachtal hin. Die sind so frisch, dass noch gar nicht auf der Karte steht, ob dem Jäger Reh oder Hirsch vor die Flinte gelaufen ist.

Das kleine Menü (39 Euro) beginnt mit einem bunten Salat mit Granatapfelvinaigrette, frisch und lecker wird er bis aufs letzte Hälmchen Grün vertilgt. Zart und saftig ist der Lammrücken Romanesco, fein gewürzt die Olivenpolenta. Auch mein Gegenüber schmaust zufrieden: Zunächst eine Schwarzwurzelcremesuppe mit Kaviarcrustini, dann den überraschend zarten Hirsch aus dem Fensterbachtal. Was für ein „Glück" für das Tier, dass es bei Kilian Schön enden durfte. Sogar dem Allerweltsgemüse Rosenkohl hat er eine fast elegante Note verliehen und die Spätzle sind einfach lecker.

Den offenen Neid meines Gegenübers trägt mir das Dessert ein: Parfait von weißer Schokolade mit Nougatschaum. Ein eisig-zarter Traum, von dem ein Vorgeschmack auf Weihnachten auf der Zunge bleibt. Für den nettesten Abschluss sorgt die Kellnerin beim Bezahlen. „Schön war's", sagt sie. Das finden wir auch.

CAFÉ RESTAURANT SCHÖN KILIAN
Ziegelgasse 12 (Grammerpassage)
92224 Amberg
Telefon: (09621) 308 404

ÖFFNUNGSZEITEN
Mo Ruhetag; Di bis Sa: 9.00 – 22.00 Uhr
So: 9.00 – 18.00 Uhr

BESONDERHEITEN
Pralinen, Kuchen und Torten macht der Konditormeister im Haus – der Onkel von Kilian Schön.

Foto: Café Restaurant Schön Kilian

Selbst ist der Mann: Koch Vasko dreht im Da Pietro e Fabio den Nudelteig von Hand durch die Maschine.

Gastrotipp: Da Pietro e Fabio

Ein Stück Italien in Regensburg

Hausgemacht ist das Markenzeichen im Restaurant Da Pietro e Fabio. Ein Geheimtipp für Feinschmecker

VON JOSEF PÖLLMANN, MZ, ERSCHIENEN AM 11.08.2012

Rekorde, Jubel, Freudentränen: Abende lang waren wir begeisterte TV-Zuschauer der Olympischen Sommerspiele in London. Da wurde es Zeit, mal wieder in der Regensburger Altstadt bei einem schönen Abendessen auf andere Gedanken zu kommen. Freunde gaben uns den Tipp, auf alle Fälle im Restaurant Da Pietro e Fabio in der Grasgasse vorbeizuschauen. Das Lokal sei einfach der Hit.

Um es vorwegzunehmen: Gäbe es einen Wettbewerb der italienischen Restaurants in Regensburg, Pietro und sein Team kämen mit Sicherheit aufs Treppchen – mit Chancen auf die Goldmedaille. Denn uns überzeugten sowohl die Qualität der Speisen wie auch die gastgeberischen Fähigkeiten. Mit apulischer Herzlichkeit empfängt uns Pietro im Lokal an diesem lauen Sommerabend. Er führt uns an einen Tisch im schnuckeligen Innenhof. Kurz angebunden ist er nicht. Der Chef nimmt sich Zeit für einen kleinen Plausch. Das stylishe Ambiente und der aufmerksame Service zeigen uns, dass es hier keinesfalls um Massenabfertigung geht.

Hausgemacht: Das scheint das Markenzeichen von Da Pietro e Fabio zu sein. Und als würde die Auswahl in der Karte nicht reichen, rattert Pietro eine ganze Reihe von exquisiten Fisch- und Nudelgerichten herunter, was unsere Entscheidung nicht einfacher macht. Das italienische Lebensgefühl stellt sich postwendend ein, als die Vorspeise serviert wird. Der lauwarme Scampi-Tintenfischsalat kommt bei uns ebenso gut an wie die Auberginenroulade, zu der es Parmaschinken, getrocknete Tomaten und Frischkäse gibt: ein verheißungsvoller Auftakt. Zur Hauptspeise wählt meine Begleiterin die Spaghetti mit weißem Trüffel. Nudeln – perfekt wie in den wunderbaren italienischen Trattorien. Und am Trüffel hat die Küche keineswegs gespart. Ich schiele neidisch auf den Teller. Doch meine Tagliata vom Kalb auf Rucola mit Parmesan lässt keine Wünsche offen. Das Gericht ist schlicht, Öl und Balsamico von höchster Qualität unterstreichen den feinen Geschmack des wunderbar zarten Fleisches.

Die Hauptspeise war so reichlich, dass wir auf ein Dessert verzichten und den Abend mit einem Espresso beschließen. Wir werden bald wiederkommen und würden Pietro für heute die Goldmedaille gönnen.

DA PIETRO E FABIO
Grasgasse 1
93047 Regensburg
Telefon: (0941) 78 45 480

ÖFFNUNGSZEITEN
Mo bis Do: 11.30 – 14.00 Uhr und 18.00 – 24.00 Uhr
Fr und Sa: 18.00 – 24.00 Uhr
So Ruhetag

BESONDERHEITEN
Schöner Innenhof, Mittagskarte

Foto: Tino Lex

Der Küchenchef Martin Kandlbinder setzt bei seinen Speisen auf Frische und beste Qualität.

Gastrotipp: Einkehr zur alten Post

Aufgefrischt: die neue „Alte Post"

Im Mittelpunkt der modernen, kreativen Küche in der Alten Post in Ponholz stehen verfeinerte Spezialitäten mit frischen, hochwertigen Produkten.

VON LISSI KNIPL-ZÖRKLER, MZ, ERSCHIENEN AM 16.03.2013

Alt ist die Einkehr zur Alten Post nun wirklich nicht – vielmehr erstrahlt das imposante Gebäude der ehemaligen Poststation Thurn und Taxis nach einer großen Renovierung in neuem Glanz. Seit November 2012 betreibt Martin Kandlbinder das Restaurant und belebt damit die gastronomische Tradition des Hauses neu.

In hellen, freundlichen Gaststuben verbreitet die geradlinige Einrichtung eine angenehme Atmosphäre. Zuvorkommend begleitet uns die Kellnerin an einen Tisch und reicht uns die Speisekarten. Bei dieser Vielfalt kommen nicht nur traditionsbewusste Gäste, sondern auch Anhänger der modernen Küche voll auf ihre Kosten. Wir wählen Lachstartar und ein Pastinakensüppchen, als Hauptgang ein Wiener Schnitzel und ein Steinbuttfilet. Unser Youngster hat sich für einen klassischen Schweinsbraten entschieden – am Sonntag bietet die Küche nämlich zusätzlich zwei Bratengerichte an.

Die große Portion Tartar vom Räucherlachs ist dekorativ und farbenfroh angerichtet mit Rote-Bete-Chips, einem Salatbouquet und Kräutercreme. Hier isst das Auge mit! Die Pastinaken-Selleriesuppe ist eine Sensation – ihre leicht süßliche Note passt hervorragend zu den Garnelen. Das goldbraun gebratene Wiener Kalbsschnitzel schmeckt außen buttrig und ist innen zart und saftig, die Panade perfekt locker und wellig. Mein Steinbuttfilet wird – genau, wie es sich gehört: innen noch ein wenig glasig – auf hauchdünnen al-dente-Nudeln und einer feinen Hummersauce serviert. Das Krustentierschäumchen ist mir fast zu wenig, der beste Beweis dafür, wie gut es schmeckt. Als wir unseren Nachwuchsgourmet fragen, wie er seinen Schweinsbraten findet, hebt er ganz cool die Augenbrauen und streckt den Daumen nach oben. Eine persönliche Höchstauszeichnung!

Als Nachspeise gibt es Schokoladenkrapfen auf Orangenfilets – eine absolute Sünde. Außen knusprig, innen noch flüssig mit intensivstem Schokoladengeschmack. Hier lassen wir uns gerne wieder kulinarisch verwöhnen und bringen die Zeit zum Genießen mit. Vielleicht können wir dann die Freiluftsaison eröffnen und im Biergarten sitzen.

EINKEHR ZUR ALTEN POST
Postplatz 1
93142 Maxhütte-Ponholz
Telefon: (09471) 60 50 646
www.kandlbinders-kueche.de

ÖFFNUNGSZEITEN
Mo: 17.30 – 24.00 Uhr, Di und Mi Ruhetag
Do bis Sa: 17.30 – 24.00 Uhr
So: 11.30 – 14.00 Uhr und 17.30 – 24.00 Uhr

BESONDERHEITEN
Martin Kandlbinder bietet Catering und Kochkurse an.

Foto: Gabi Schönberger

Paul Grasmaier, der Küchenchef der Espert-Klause, serviert persönlich eines seiner kreativen Gerichte.

Gastrotipp: Espert-Klause & Bar

Leidenschaft lebt in der Küche auf

Paul Grasmaier lockt mit seiner Kochkunst Feinschmecker in die Espert- Klause nach Mainburg.

VON JOSEF PÖLLMANN, MZ, ERSCHIENEN AM 07.06.2014

Wer vor der schmucklosen Fassade des Lokals steht, ahnt nicht, welche Kochkünste sich im Inneren des schlichten Hauses verbergen. Die Espert-Klause in Mainburg sei ein Geheimtipp im Hopfenland Hallertau, sagten uns Bekannte. Um es vorweg zu sagen: Sie hatten untertrieben. Der Besuch im Restaurant war ein kulinarischer Volltreffer. „Ich lebe meine Leidenschaft, ich koche", sagt Paul Grasmaier, der Chef der Espert-Klause. Mit dieser Hingabe hat er sich unter anderem in die Herzen der Tester des Guide Michelin gekocht. Seit 2004 loben sie die Espert-Klause regelmäßig für ihre gehobene, kreative und moderne Küche.

Kreativ ist an diesem Sonntagmittag auch der Service. Die zuvorkommende Dame schaffte es mühelos trotz des vollen Lokals noch einen Tisch zu organisieren. Extrapluspunkt! Was sofort auffällt: Obwohl bis auf den letzten Platz besetzt, ist Hektik in der Espert-Klause ein Fremdwort. Wie das Pendel der großen Wanduhr funktioniert hier der Betrieb: stilvoll und im Takt eines Schweizer Uhrwerks.

Die Speisekarte verspricht Hochgenuss. Saisonal wechselnde Menüs und Klassiker der traditionellen Küche finden sich darauf. Ein Mittagessen aus unterschiedlichen Menüs zu kombinieren, ist kein Problem, beruhigend für Vegetarier. Wir wählen das 5-Gänge-Gourmet-Menü. „Abensberger Spargel und mehr ..." nennt es Küchenchef Grasmeier vielsagend. Und in der Tat: Raffinierter kann man Spargel nicht zubereiten: als Spargel-Radieserl-Tatar mit Variationen von Lachs, Forelle, Wachtelbrust und Kalbsrücken. Oder als Latte-Macchiato-Süppchen mit einem gefüllten Hopfensackerl. Und als Spargelspitzen zu Wallergulasch mit Tomaten und Gramolata auf Spaghettini. Sensationell der Hauptgang: eine Kunst, wie der Koch den zarten Spanferkelrücken in die Griebenschmalz-Zwiebelkruste verpackte. Dazu wurden leckere Sommertrüffel-Kartoffelkrusteln gereicht.

Zum Abschluss gab es – nein – keinen Spargel, sondern Crêpes mit Hopfenlikör, flambierten Erdbeeren, Bananen und Vanilleeis. Heute haben Paul Grasmaier und sein Team ihre Leidenschaft voll ausgelebt.

ESPERT-KLAUSE & Bar
Espertstraße 7
84048 Mainburg
Telefon: (08751) 1342
www.espert-klause.de

ÖFFNUNGSZEITEN
Di bis So: 11.30 – 13.30 Uhr
Di bis Sa: 18.30 – 0.30 Uhr
Ruhetag: Sonntagabend und Montag

BESONDERHEITEN
Die Espert-Klause bietet ihre Kochkünste als Partyservice vor Ort an. An diesen Tagen ist das Restaurant geschlossen.

Foto: Sebastian Pieknik

Das schmeckt der ganzen Familie: Rüdiger Forst umsorgt in seinem Landhaus die Gäste.

Gastrotipp: Forst's Landhaus

Top-Küche in der Landhausidylle

Regensburgs ehemaliger Starkoch Rüdiger Forst lockt Feinschmecker nach Riedenburg.

VON JOSEF PÖLLMANN, ERSCHIENEN AM 30.08.2014

Die Perle im Naturpark Altmühltal – mit diesem Werbespruch lockt Riedenburg seine Gäste. Wenn es um Kulinarik geht, könnte Rüdiger Forst den Slogan glatt übernehmen. Seit er im April zusammen mit Ehefrau Gabriele und Schwester Antje das Landhaus eröffnet hat, strömen die Feinschmecker in das beschauliche Städtchen im Landkreis Kelheim.

Damit wird auch schon gesagt, wie wir unseren Besuch in Forst's Landhaus fanden. Mit einem Wort: perfekt. Leider war es an diesem Abend – wie so oft im Sommer – zu kühl, als dass wir im Freien an der vorbeirauschenden Schambach hätten Platz nehmen können. Die kleinere von zwei Gaststuben gefiel uns auch. Sie strahlt einen besonderen Charme aus. Genau wie die Bedienung, die uns wundervoll umsorgte.

Rüdiger Forst hat in der Region Regensburg einen Namen als Spitzenkoch. 1990 holte er mit dem Historischen Eck den ersten Stern, verliehen von Guide Michelin Deutschland, in die Domstadt. Zehn Jahre hielt Forst diese Auszeichnung, bis er das Historische Eck verließ.

In den Genuss der Kochkunst des ehemaligen Witzigmann-Schülers kommen jetzt die Gäste in Riedenburg. Forsts Karte bietet Bodenständiges genauso wie feine, originelle Gerichte. Die Auswahl ist überschaubar, macht aber schon beim Durchlesen Appetit. Wir bestellen zum Start in den Abend die Salatvariation mit Pfifferlingen. Die Kräutervinaigrette möchte man am liebsten auslöffeln, so raffiniert ist sie abgestimmt. Ein echter Knaller sind unsere Hauptspeisen. Der Seesaibling harmoniert wunderbar mit einer Ratatouille. Die Balsamicosoße umschmeichelt Fisch und Gemüse gleichermaßen. Beim Seeteufel sind wir vor allem auf das Rettichgemüse gespannt. Von der bekannten Schärfe ist nichts mehr zu schmecken, dafür überzeugt die Beilage mit einem wunderbar süß-sauren Aroma.

Volle Punktzahl vergeben wir auch für die Nachspeisen: Sowohl die gebackenen Erdbeeren als auch die Panna Cotta überzeugen uns auf ganzer Linie. Für uns steht fest: Der nächste Ausflug ins Altmühltal wird folgen, kombiniert mit einem Besuch in Forst's Landhaus.

FORST'S LANDHAUS
Mühlstraße 37 b
93339 Riedenburg
Telefon: (09442) 99 19 399

ÖFFNUNGSZEITEN
Mi bis So: 11.30 – 14.00 Uhr und 17.30 – 21.30 Uhr
So und Feiertage durchgehend warme Küche
Mo und Di Ruhetag

BESONDERHEITEN
Schöner Freisitz an einem Bachlauf

Foto: Gabi Schönberger

Extrapunkte für Service und feine Küche: In Forsters Gasthof zur Post servieren Chefin Monika Forster und Servicekraft Jacqueline.

Gastrotipp: Forsters Gasthof zur Post

Feine Küche in der alten Post

In Donaustauf kann das Restaurant Forster mit der Vielfalt auf seiner Karte punkten.

VON BETTINA DENNERLOHR, MZ, ERSCHIENEN AM 17.09.2011

Als der Umriss der Walhalla immer näherrückt, wissen wir, dass wir unser Ziel beinahe erreicht haben: den Hotelgasthof Zur Post in Donaustauf. Nach der etwas unspektakulären Fassade gefällt uns die Gestaltung der Räume mit viel Holz und ruhigen Farben sehr gut. Wir werden freundlich empfangen und an unseren Platz geleitet. Dort bekommen wir die Speisekarte – und haben zum ersten Mal die Qual der Wahl. Nach reiflicher Überlegung entscheiden wir uns für das Carpaccio vom Rinderfilet auf Rucola und Parmesan und die Paprikaschaumsuppe. Das haben wir nicht bereut: Dieses Carpaccio gehört zu den besten, das wir bisher gegessen haben. Angesichts der Größe der Portion könnte es leicht als Hauptgericht durchgehen. Die Suppe macht mit einer kräftigen Schaumkrone ihrem Namen alle Ehre.

Meine Begleiterin wählt als Hauptgericht ein gebratenes Filet von der Dorade mit gebackener Zucchiniblüte und Risotto. Hier finden wir den einzigen Kritikpunkt des Abends: Das Risotto ist zwar sehr gut, den angekündigten Limonengeschmack können wir aber nur schwer finden. Umso mehr überzeugt die geschmorte Hirschschulter in Wacholderrahm mit Preiselbeeren, Spätzle und Salat der Saison. Letzterer fällt uns besonders positiv auf: Eine so bunte Mischung auf dem Salatteller haben wir selten gesehen.

Zum Dessert lässt die fein abgestimmte Variation von Kuh- und Schafsmilchkäse zu Feigensenf keine kulinarischen Wünsche offen. Mit meinem Gegenüber kann ich diesen Eindruck leider nicht diskutieren – meine Begleiterin ist angesichts ihrer eigenen Nachspeise für mehrere Minuten sprachlos. Und tatsächlich: Das geeiste Erdbeersüppchen mit einem Basilikumsorbet schwebt beinahe von der Gabel und ist der krönende Abschluss eines gelungenen Menüs.

Einen Extrapunkt verteilen wir an diesem Abend für den besonders freundlichen und prompten Service, auch wenn der uns mit unserer letzten Entscheidung noch einmal eine harte Nuss zu knacken gegeben hat: Zum Espresso wird uns ein Tablett mit nicht weniger als fünf Süßungsmitteln gereicht. Gewonnen hat der braune Zucker.

FORSTERS GASTHOF ZUR POST
Maxstraße 43
93093 Donaustauf
Telefon: (09403) 9100
www.forsters-posthotel.de

ÖFFNUNGSZEITEN
Mo bis So: 11.30 – 14.00 Uhr
und 17.00 – 22.00 Uhr

BESONDERHEITEN
Das Ehepaar Forster betreibt nicht nur das Restaurant, sondern auch das dazugehörige Hotel.

Foto: Tino Lex

Astrid und Siegfried Gallus bei einem Gläschen Wein. Überall im Haus findet man den Hahn (lat. gallus). Das Tagungshotel hat 56 Zimmer.

Gastrotipp: Gallus

„Von allem a bisserl mehr"

Im Gallus sind kulinarische
Schlemmermomente garantiert.

VON THOMAS DIETZ, MZ, ERSCHIENEN AM 25.02.2006

Welch eine Wohltat, in der Gaststube Gallus zu sitzen. Manch geneigter Leser mag vermuten, Gastrokritiker gingen immer nur fein schlemmen – ach, weit gefehlt! Man brüht sich abends auch oft einen Verdauungstee, wenn auf der Karte manchen Wirtes gemogelt wurde. Oder wenn da steht: Hausgemachte Bratensulz mit Geschmacksverstärkern.

Nun, nichts von alledem bei Gallus. In der behaglichen Gaststube wird man von zauberhaft liebenswürdigen Lehrlingen umschwirrt und umsorgt, sogar dem sanft justierten Licht muss man ein Kompliment machen. Die Speisekarte ist bodenständig und verlockend: Da gibt's Schaumsüppchen mit Oma Gallus' Gartenkräutern, Altmühltaler Lammkeulensteak und ein exzellent gepflegtes Salatbüfett unter anderem mit Sellerie, Fenchel, Roter Bete, alles selbst eingelegt, was man auch sofort sieht und schmeckt.

Ich beginne mit einer edlen Tafelspitzbouillon mit Grießklößchen, dann folgen zwei köstliche und leichte Altmühltaler Kalbsschnitzel mit Meerrettich und süßem Senf gebacken, dazu Bratkartoffeln. Die feine Kruste schmeckt zudem zart gurkig-zitronig und überhaupt: Chapeau! Hier sind handwerkliche Künstler am Werk. Zum Abschluss gibt's noch den hinreißenden „Streifzug durch Gallus' Zuckerküche", ein wonniger Mehrklang aus Amarettoeis, Apfelküchlein, Mohnterrine und Marzipanrolle. In einem so streng qualitätsbewusst geführten Haus ist man vergnüglich auf der sicheren Seite; hier wird noch von Grund auf sauber und selbst gekocht. Astrid und Siegfried Gallus haben das Haus zielsicher und konsequent auf dies gehobene Niveau geführt; die Kinder Christian (28) mit Freundin Irmgard (25) und Manuel (20) haben den Kochberuf gelernt; letzterer hat gerade auf der Stuttgarter Intergastra eine Goldmedaille erhalten. Siegfried Gallus singt als früherer Domspatz bei der Arbeit und engagiert gern Musiker. Aus dem Bahnhofsrestaurant von 1900 sind Hotel und Gasthof entstanden; der hübsche Bahnhof Beilngries gegenüber wurde aber längst stillgelegt und dient als Bistro und Musikkneipe.

Siegfried Gallus will mit seinem tüchtigen Ausbildungsbetrieb die „Genussregion Altmühltal" vertreten, sein Küchen-Credo ist „Selbstverständlich regional, aber von allem a bisserl mehr." Qualität spricht sich rum; in der Sendung „Landgasthäuser Frankens" (am 15. März um 19 Uhr im Bayerischen Fernsehen) kommt auch das Gallus vor.

GALLUS
Neumarkter Straße 25
92339 Beilngries
Telefon (08461) 700 260
www.hotel-gallus.de

ÖFFNUNGSZEITEN
Mo bis So: Warme Küche 11.30 – 14.00 Uhr
und 17.30 – 22.00 Uhr

Foto: Heiner Stöcker

Andreas Laurer ist mit Leidenschaft bei der Sache. Bodenständige Gerichte und spannende Kreationen überzeugen die Gäste.

Gastrotipp: Gasthaus Laurer

Feines aus dem Birgland

Das Gasthaus Laurer bietet unverfälschten Geschmack, freundliche Bewirtung und eine gemütliche Atmosphäre.

VON LISSI KNIPL-ZÖRKLER, MZ, ERSCHIENEN AM 19.09.2015

Spätsommerliche Köstlichkeiten mit den passenden Weinen stehen auf der Speisekarte und wecken unsere Gelüste. Es gefällt uns, dass die heimischen Lieferanten extra in der Karte erwähnt werden. Für den Chefkoch Andreas Laurer haben nämlich besonders Frische und eine nachvollziehbare Herkunft oberste Priorität. Deshalb setzt er auf Produkte aus der Region: Wild aus regionalen Wäldern, Gemüse aus Nachbars Garten und dem Knoblauchsland und Fisch zum Beispiel aus der Forellenzucht Regelsmühle. Ein Birgland-Rind vom Bauern um die Ecke überzeugt ihn mehr als ein Pseudo-Biosiegel auf dem Fleisch aus fernen Regionen.

Jetzt wissen wir Bescheid und ordern ein Carpaccio und einen Burger vom besagten Rind. Vorher lassen wir uns eine Waldpilzcremesuppe mit Schwarzbrotcroûtons schmecken. Das Carpaccio vom Rinderfilet mit frisch gehobeltem Parmesan ist eine köstliche Eigenkreation, die wir so nicht kennen: gerolltes, mit einer Senf-Kräutersauce marinertes Filet, hauchdünn geschnitten und an Salatspitzen serviert. Die Sonnenblumenkerne bringen tatsächlich den Sommer zurück. Ein Aroma von Orangen und Kräutern kündigt die Hauptspeise an. Das Wolfsbarschfilet ist auf der Haut gebraten und die Rosé-Wermut- Schaumsauce passt hervorragend zum geschmorten Chicorée und dem fruchtigen Reis.

Die freundliche Bedienung serviert den „B-B-B Birgländer Bio Burger" – ein saftiges, medium gebratenes Hacksteak mit würziger Sauce, Gurken, Tomaten, Zwiebeln und Käse sowie selbst gemachten Kartoffel-Wedges. Genau richtig für alle Burgerfans.

Dass Schokoladenkuchen frisch gemacht werden und länger dauern, wissen wir – hier hat sich die Wartezeit mehr als gelohnt. Das halbflüssige Gebäck ist ein Vulkan aus Schokolade und Kuchen, das vor unseren Augen zerläuft und hervorragend zu den Calvados-Äpfeln und dem Bourbon-Vanilleeis schmeckt.

Ob alles recht war, erkundigt sich der Chef. Wir sind voll des Lobes und wollen uns beim nächsten Mal das Menü redlich verdienen. Denn der Birglandwanderweg führt direkt am Gasthaus vorbei und lädt zum Radeln oder Wandern ein.

GASTHAUS LAURER
Sunzendorf 2 ½
92262 Birgland
Telefon: (09666) 276
www.gasthaus-laurer.com

ÖFFNUNGSZEITEN
Di bis So: 9.00 – 24.00 Uhr
Mo Ruhetag (außer an Feiertagen)

Foto: Gabi Schönberger

Die Portionen sind reichlich, das Wild ist frisch und stammt aus heimischen Wäldern – so schmeckt es im Gasthaus Paulus.

Gastrotipp: Gasthaus Paulus

Hier wird das Wild noch selbst zerlegt

Das Gasthaus Paulus in Marching verwöhnt
mit Wild aus heimischen Wäldern.

VON JOCHEN DANNENBERG, MZ, ERSCHIENEN AM 01.09.2007

Italienisch, griechisch, türkisch, chinesisch oder japanisch? Warum nicht mal wieder deutsche Küche! Reichlich verwöhnt sind unsere Gaumen inzwischen, ausländische Spezialitäten gehören längst zu unserem Alltag. Warum also nicht mal wieder „back to the roots", hin zur bodenständigen Küche? Gesagt, getan. Wir empfehlen dafür das Gasthaus Paulus in Marching, einem idyllischen Dorf an der Donau bei Neustadt im Landkreis Kelheim.

Wir besuchen das Lokal an einem Werktag um die Mittagszeit. Die Wirtin hat noch Zeit für die Gäste, hält mit jedem ein kurzes Schwätzchen. Beim Blick auf die Speisekarte fallen die Wildgerichte auf. Die Wirtin klärt auf: „Unser Wild stammt ausschließlich aus heimischen Wäldern. Wir beziehen es von den Jägern der Region im Ganzen und zerlegen und verarbeiten es in unserem Betrieb selbst." Und wie zum Beleg ist der Speisekarte eine umfangreiche Liste der Jäger beigefügt, von denen die Familie Paulus ihr Wild bezieht.

Ist das Wild deshalb auch frisch? Wir machen die Probe aufs Exempel und bestellen Wildschweinbraten sowie Rehlende im Speckmantel. Vorweg gibt es eine Grießnockerlsuppe. Schon die ist ein Gedicht. Die Nockerl schwimmen in einer selbst gekochten Fleischbrühe, schmecken sogar nach Grieß und garniert ist die Suppe mit frischem Schnittlauch. Die Hauptgerichte sind exzellent – und reichlich. Die Rehlende ist auf den Punkt gebraten, der Speck leicht kross und vom Wildschweinbraten liegen gleich zwei große Scheiben auf dem (anderen) Teller. Positiv fällt auch der Salat auf. Er ist frisch zubereitet, auf Sauerkonserven – wie leider auch im Sommer nicht unbedingt unüblich – wurde glücklicherweise verzichtet. Das passt auch zum Stil des Hauses, wo man das Wild noch selber schlachtet.

Ebenfalls passend zu dieser bodenständigen Küche ist die klassische Wirtsstube und der wunderschöne Saal. In ihm finden auch die empfehlenswerten Aktionsessen statt (nähere Infos auf der Homepage des Gasthauses). Wir lehnen uns schließlich genüsslich zurück und stellen fest, einen Nachtisch braucht's nicht mehr. Wir sind pappsatt. Und der Qualitätsanspruch des Gasthauses wurde von der Familie Paulus bestens erfüllt.

GASTHAUS PAULUS
Beilngrieser Straße 10
93333 Marching
Telefon: (09445) 7812

ÖFFNUNGSZEITEN
Di bis So: durchgehend warme Küche
von 11.00 – 20.00 Uhr

BESONDERHEITEN
Jeden Donnerstag Aktionsessen, viele Parkplätze. Mehr Infos im Internet unter www.gasthaus-paulus.de

Foto: Jochen Dannenberg

Sandra Schmid, Besitzerin des Hotel-Gasthofs Schwan in Riedenburg, serviert ein stattliches „König-Ludwig-Pfandl".

Gastrotipp: Gasthaus Schwan

Lohnendes Ziel im Altmühltal

Das Gasthaus Schwan in Riedenburg ist als bayerisches Wirtshaus bekannt. Doch es bietet mehr.

VON JOSEF PÖLLMANN, MZ, ERSCHIENEN AM 13.06.2015

Riedenburg ist ein schönes Fleckchen Erde. Der Luftkurort im Naturpark Altmühltal punktet mit zahlreichen Freizeitmöglichkeiten: radfahren, klettern, bootfahren – um nur einige zu nennen. Und das alles in traumhafter Umgebung. Eineinhalb Stunden leichte Wanderung haben wir an diesem Sonntagnachmittag hinter uns gebracht. Der Drei-Burgen-Steig, der die Rosenburg sowie die Ruinen Tachenstein und Rabenstein verbindet, ist ein lohnendes Ziel, weil er traumhafte Ausblicke in die Landschaft bietet.

Nach der Tour wollen wir auf alle Fälle noch in Riedenburg einkehren. Unter dem vielfältigen Gastronomieangebot fällt die Auswahl auf das Gasthaus Schwan, das direkt im Ortszentrum liegt. Viel Betrieb ist heute. Wir ergattern gerade noch einen Tisch in der Gaststube. Modern wirkt sie, und unglaublich hell und einladend. Sekunden später werden wir von der aufmerksamen Bedienung freundlich begrüßt. Dieses Wohlfühlgefühl wird den ganzen Abend anhalten.

Der Schwan hat einen hervorragenden Ruf als bayerisches Wirtshaus. Auf der Speisekarte wechseln sich Bratengerichte mit bayerischen Spezialitäten ab. Doch auch für Vegetarier und Veganer gibt es eine schöne Auswahl – auch nicht alltäglich.

Während wir auf unser Essen warten, beobachten wir das Publikum. Viele Touristen sind hier, aber genauso viele Einheimische. Und was uns noch auffällt: Die Portionen sind riesig. Es ist Spargelzeit. Da darf es als Vorspeise eine Spargelsuppe sein, die wunderbar cremig und fein abgeschmeckt ist. Die kleinen Spargelstückchen haben noch den nötigen Biss. Als Hauptgericht wähle ich eine Spezialität des Hauses, das „Riedenburger Schnitzel". Die Marinade aus Senf und Meerrettich gibt einen wunderbar herzhaften Geschmack. Dazu gibt es knusprige Bratkartoffeln. Meine Begleiterin wählt ein veganes Hauptgericht: Pfannengemüse in Kokossauce mit Reis. Der Geschmack wunderbar, allerdings war das Gemüse etwas weich. Eine Nachspeise schaffen wir nicht mehr, wäre aber sicher empfehlenswert gewesen. Der Schwan war die goldrichtige Adresse, um nach der Wanderung wieder Kräfte zu sammeln.

GASTHAUS SCHWAN
Marktplatz 5
93339 Riedenburg
Telefon: (09442) 1272
www.schwan-riedenburg.de

ÖFFNUNGSZEITEN
Mi bis So: ab 10.00 Uhr, Mo und Di Ruhetag

BESONDERHEITEN
Nur wenige Minuten vomGasthaus entfernt ist die Rosenburg, wo es Flugvorführung mit Greifvögeln gibt.

Foto: Tino Lex

Thomas Daxl kommt als Chef selten dazu, sich mit seinen eigenen Kreationen zu verwöhnen. Fürs Foto nimmt er sich aber eine Auszeit.

Gastrotipp: Gaststätte Höhenhof „Zum Schützenwirt"

Schlemmerbiergarten de Luxe

Genießen Sie die Atmosphäre und das Ambiente bei einem ausgefallenen Essen und einem guten Tropfen Wein.

VON CHRISTINE HEGEN, MZ, ERSCHIENEN AM 18.08.2007

Wir Altstädter sind es gewöhnt, von Biergärten umgeben zu sein. Da muss es sich also schon lohnen, extra das Auto aus der Garage zu holen und nach Höhenhof zum Essen zu fahren. Dass es sich offensichtlich lohnt, zeigt uns schon der Parkplatz. Da haben einige vor uns am Samstagmittag den Weg angetreten.

Grün ist es außenrum, der Biergarten selbst befindet sich auf einer Freifläche, auf der ein paar Pflanzentröge aufgestellt wurden. Dafür entdecken wir Lichterketten über uns und Fackeln am Rand des Biergartens. Das macht abends garantiert eine heimelige Atmosphäre, sind wir uns einig. Meine Begleitung bestellt die Suppe des Tages, ich entscheide mich für „Türmchen von Tomate und Mozzarella an Pesto". Für 1,90 Euro erwarten wir bei der Suppe nichts Ausgefallenes, serviert wird aber eine Curry-Kokos-Creme mit einem Klecks Sahne, dekoriert mit getrockneten Blütenblättern. Ähnlich künstlerisch sieht meine Vorspeise aus: Auf einer kleinen Glasplatte wurden Mozzarella- und Tomatenscheiben zu einem Türmchen aufgeschichtet, in dem ein kleiner Rosmarinzweig steckt. Beides schmeckt uns.

Anschließend probiere ich die Fettuccine in Pesto geschwenkt mit Pinienkernen, Kirschtomaten und Rucola (6,90 Euro). Die Nudeln schmecken hausgemacht, die Tomaten sind frisch, die Pinienkerne geben dem Geschmack den letzten Pfiff. Und beim Rucola zeigt sich, dass hier der Koch jede Zutat von Hand auswählt: Feine, kleine Blätter liegen auf den Nudeln, dicke, ausgetrocknete Stängel sucht man vergebens. Meine Begleitung, ein echter Fleischfresser, entscheidet sich für die Grillvariation mit Kräuterbutter, Rösti und Salat (13,40 Euro). Dreierlei Fleisch – Rind, Pute und Schwein – ist auf den Punkt gebraten, saftig-fein und mein Gegenüber gerät ins Schwärmen. Sprossen zieren den Tellerrand, die Kräuterbutter liegt in Eiskugelform in einem Sprossennest – keine Frage, das Auge isst hier hervorragend mit.

Gerne würden wir auch noch die süßen Leckereien probieren. Da die Portionen trotz Gourmet-Anrichtung aber nicht klein ausfallen, kriegen wir nichts mehr in unserem Magen unter. Macht nichts: Wir sind längst überzeugt, dass sich dieser Ausflug allemal gelohnt hat.

GASTSTÄTTE HÖHENHOF „ZUM SCHÜTZENWIRT"
Höhenhof 15
93083 Oberhinkofen
Telefon: (09405) 919 014

ÖFFNUNGSZEITEN
Mi bis Sa: 11.00 – 23.00 Uhr, So 11.00 – 21.30 Uhr
Mo und Di: Ruhetag (außer feiertags)

BESONDERHEITEN
Innenbereich bis zu 120 Plätze, Biergarten bis zu 200 Plätze, moderne Küche, Veranstaltungen, Catering

Foto: Tino Lex

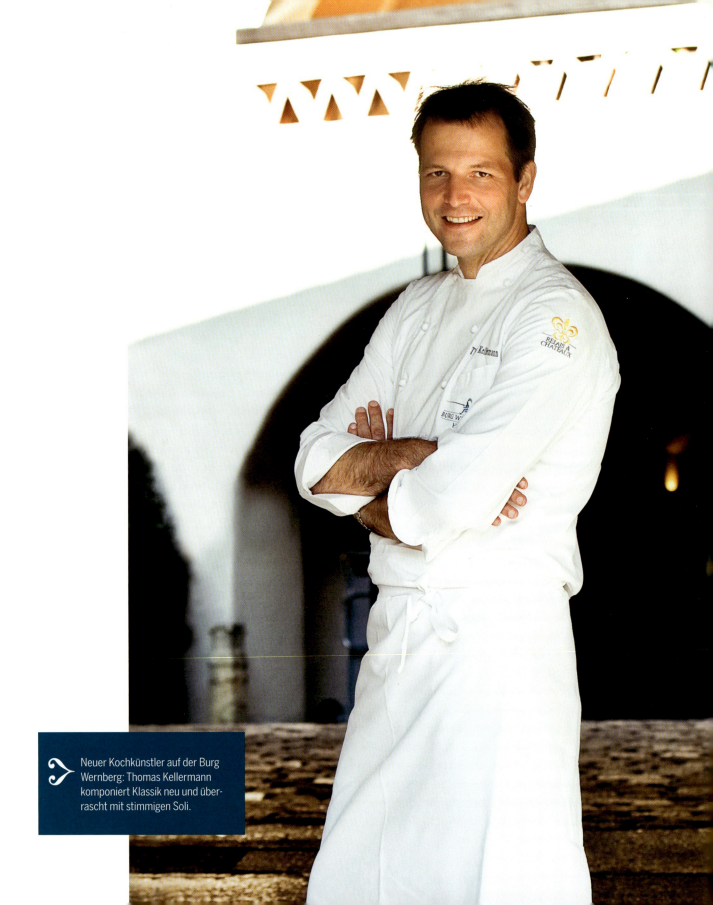

Neuer Kochkünstler auf der Burg Wernberg: Thomas Kellermann komponiert Klassik neu und überrascht mit stimmigen Soli.

Gastrotipp: Gourmetrestaurant Kastell

Kochkunst auf der Burg Wernberg

Seit Juni setzt Thomas Kellermann im Zwei-Sterne-Restaurant Kastell seine Akzente.

VON ANGELIKA SAUERER, MZ, ERSCHIENEN AM 20.09.2008

Man könnte auch in die Oper gehen, zum Ohrenschmaus in ein Konzert, zum Augenschmaus in ein Ballett. Zum Gaumenschmaus aber empfiehlt sich ein Sterne-Restaurant. Der Kunstgenuss dort ist für Liebhaber der Gourmetküche nicht geringer und im Übrigen unterscheidet sich der Preis eines Menüs kaum von dem eines Platzes in der ersten Reihe.

Imposant hebt sich die Burg Wernberg vom Abendhimmel ab. Eine Brücke führt über den Burggraben in den Hof, rechts liegt der Eingang zum Hotel, geradeaus geht es durch eine schwere Holztür ins Restaurant. Dort empfangen uns der unaufdringliche Charme der Restaurantleiterin Evelyn Igl, die umfangreiche Weinkarte des Sommeliers Frank Hildebrand und die schlichte Eleganz des Gewölbes. Als Farbe dominiert ein Weiß, das von Bodenspots und Leuchtern angewärmt wird. Am Ambiente hat sich nichts geändert, seit Thomas Kellermann im Juni 2008 von Christian Jürgens die Zwei-Sterne-Küche des Kastell übernahm. Kellermann (37) war zuvor Küchenchef im Restaurant Vitrum im Berliner Hotel Ritz-Carlton. Der Guide Michelin dekorierte seine Küche dort mit einem Stern. Im Kastell geht es darum, die Auszeichnungen zu verteidigen und neue Akzente zu setzen.

Zumindest Letzteres gelingt ihm an diesem Abend vortrefflich auf der Bühne des Kastell, wo weder eine verspielte Ausstattung noch ein übermotivierter Service vom Teller ablenken. Der geräucherte Aal überrascht in Begleitung von Melone, Senf und Dill. Danach sonnt sich der zarte bretonische Glattbutt im Muskatblütenfond. Gamberoni verblüffen im stimmigen Trio mit Gulaschsaft und Crepinette (Würstchen) vom Schwein und die butterweiche Kaninchenkeule umgibt sich mit Lardo Colonnato, dem auf der Zunge zergehenden weißen Speck aus der Toskana. Die confierte Rinderwade ist ein Gedicht. Das Menü beschließen eine auf den Punkt gereifte Käseauswahl und eine leichte Mocca-Mascarponecreme mit Passionsfruchtsoufflé und frischem Guavensorbet.

Der Eindruck: Thomas Kellermann interpretiert und komponiert Klassik neu, überrascht mit Soli – und erreicht Harmonie. Eigentlich ein Kunststück.

GOURMETRESTAURANT KASTELL
Burg Wernberg
Schloßberg 10
92533 Wernberg-Köblitz
Telefon: (09604) 9390

ÖFFNUNGSZEITEN
Mi bis Sa: ab 19.00 Uhr
So und Feiertage: 12.00 – 14.30 Uhr und ab 19.00 Uhr

BESONDERHEITEN
Das regionale Restaurant Konrads hat täglich geöffnet (12.00 – 14.30 Uhr und 19.00 – 22.30 Uhr). Zusätzlich bietet das Haus diverse interessante Events an, wie beispielsweise Kochkurse mit Thomas Kellermann. Weitere Informationen sind unter http://www.burg-wernberg.de/events/ zu finden.

Foto: Sabine Franzl

Im Restaurant „Gregor's" im Hotel Wutzschleife in Rötz: Küchenchef Gregor Hauer macht fürs Foto eine Ausnahme und serviert.

Gastrotipp: „Gregor's" im Hotel Wutzschleife

Und immer wieder grüßt die Küche

Beim Sternekoch im Bayerwald: Die Wutzschleife ist unbedingt einen Besuch wert.

VON MARIANNE SPERB, MZ, ERSCHIENEN AM 26.08.2006

Die Wutzschleife ist behängt mit Auszeichnungen: bestes Wellness-Hotel, beliebtestes Vier-Sterne-Superior-Haus, bestes Golfhotel ... Wer im „Gregor's" isst, vermutet stark, dass die Ambitionen weitergehen: Der Aufwand, den Küchenchef Gregor Hauer betreibt, ist spektakulär und sterneverdächtig. Der Ehrgeiz des Hauses prägt jedes Detail: Der Wille zur Dekoration lässt kein Fleckchen aus und das Personal bedient so beflissen, als ob es um die Prüfungsnote ginge. Erst nach einer Minipanne wird unsere Betreuerin lockerer.

Mehr ist mehr, die Devise gilt auch im „Gregor's". Gäste empfangen eine ganze Folge von „Grüßen aus der Küche": Auf drei „Pralinen" („Panzerottinchen", Weißwurstscheibchen und Garnele) folgen ein Strammer Max in Edelmontur (Wachtelei, Trüffel und ein sagenhafter San-Daniele-Schinken) und erstaunlicherweise ein drittes Amusegueule: Auf einer Platte kommen ein Schnapsglas Currysuppe mit Garnele, ein Löffel, auf dem sich Flusskrebse und Melone wunderbar verbinden und Melonensüppchen.

Nach diesem Auftakt erreichen uns erste Sättigungssignale. Unsere regulären Vorspeisen nehmen Rücksicht: Die ausgezeichnete Kresseschaum- und die Edelkrebssuppe sind duftig wie Sommerwolken. Folgt: der Star des Abends. Das Lammfilet habe ich nie besser gegessen. Das Fleisch (von einem Hof in der Nähe) hüllen knackiger Mangold und eine pikante, dünne Kruste ein und die Soße hätten wir gern aufgeschleckt. Mit den beigelegten deftigen Lammbratwürsten auf Polentaschaum kann ich wenig anfangen; allerdings bringen sie ordentlich Würze. Das Rotweinrisotto mit Reh lieben wir: zarter Biss, kräftiges, fein austariertes Aroma. Uneingeschränkte Begeisterung kostet Glaubwürdigkeit. Wir sind also fast dankbar, dass wir das Dessert nicht mögen. Ein Teller fader, geschmolzener Almkäse beglückt eher hungrige Schwerarbeiter als Gäste, die einen Abend nach Strich und Faden verwöhnt wurden. Die Küche lässt zwei prima Auswege: ein hochfeines Café-Parfait, das uns – vierter Gruß! – vorab erreicht und einen Pralinenteller, den wir beinahe leeren. In Relation zum opulenten Genuss fällt die Gesamtrechnung mit 120 Euro (inklusive einem schönen Roten) schmal aus.

Gesamteindruck: Die Wutzschleife ist unbedingt einen Ausflug wert. Das nächste Mal bestellen wir aber nur einen Gang.

„GREGOR'S" IM HOTEL WUTZSCHLEIFE
Hillstett 40
92444 Rötz
Telefon: (09976) 180

ÖFFNUNGSZEITEN:
Mi bis Sa ab 19 Uhr

BESONDERHEITEN
Die Wutzschleife ist nicht nur eine Adresse für Gourmets: Zur Anlage gehören ein 9-Loch-Golfplatz, Wellness und mehrfach ausgezeichnete Meeting- und Eventgelegenheiten.

Foto: Markus Heigl

Zwei Generationen sind beim Stirzer für das Gelingen der Speisen verantwortlich: Sepp (li.) und Manuel Hierl

Gastrotipp: Historischer Gasthof Stirzer

Slow Food – echt, ehrlich, filigran

Beim Stirzer in Dietfurt ist alles so wie früher.
Das Essen und auch der Wirt.

VON DAGMAR FUHRMANN, MZ, ERSCHIENEN AM 11.07.2015

Wer beim Stirzer eintritt, der macht eine Tür hinter sich zu und betritt eine andere Welt. Dafür sorgen die dicken alten Mauern des 500 Jahre alten Jurahauses und dafür sorgt die Küche. Schickimicki und Gedöns gibt es hier nicht. Hier gibt es Wände, die Straßenlärm und Hitze abschirmen. Und das ganz wunderbare Gefühl „so wie früher". Genauer gesagt, so wie ganz früher. Denn der Stirzer ist nichts weniger als ein preisgekröntes Denkmal, ein gerettetes Jurahaus eben, von denen es wenige nur hier in der äußersten Oberpfalz an der Grenze zu Oberbayern gibt.

Wir möchten in der Stube sitzen, obwohl der ebenso ursprüngliche Innenhof, der selbstverständlich ohne jede Kitschdeko auskommt, äußerst verlockend wäre. Denn in der Stube ist es einfach gemütlich und angenehm kühl und man kann sich mit allen Sinnen dem Essen widmen. Die Vorspeise: Beim ersten Löffel von der Leberspätzlesuppe melden die Geschmacksnerven sofort „Kindheit". So hat es geschmeckt damals, als man noch keine Angst vor Fettaugen auf der Suppe hatte und noch keine Geschmacksverstärker die Küchen regierten. Ganz ehrlich. So wie der Wirt, der mit seinen Gästen Klartext redet. Die Tomatensuppe der Begleiterin schlägt hingegen ganz andere Töne auf der Geschmacksklaviatur an. Zitronengras und Tomaten harmonieren, ohne einander ausstechen zu wollen. Ein moderner mediterraner Geschmack. Unterschiedlicher hätten die beiden Süppchen nicht sein können.

Der Stirzer hat das Siegel „Slow Food". Die englische Bezeichnung deswegen, weil es sich hier um eine internationale Bewegung handelt, die auf regionales Essen setzt und auf jegliche Chemie verzichtet. Das heißt aber nicht, dass hier etwas fehlen würde, wie der Hauptgang beweist: Lamm-Lasagne und Forelle. Und auch hier sind die Gegensätze zwischen den beiden Essen auffallend. Das eine leicht und filigran gewürzt, das andere deftig mit Käse und Fleisch. Der Lammgeschmack ist genau so, dass er nicht die Oberhand bekommt.

Kein Wunder, dass auch die Fraunhofer-Saitenmusik sich hier wohlfühlt und dem Gasthof ein eigenes Lied gewidmet hat: „Beim Stirzer".

HISTORISCHER GASTHOF STIRZER
Hauptstraße 45
92345 Dietfurt
Telefon (08464) 8658
www.stirzer.de

ÖFFNUNGSZEITEN
Von April bis November täglich ab 10.00 Uhr geöffnet, im Winter von Mi bis So ab 10.00 Uhr. Im Januar ist wegen Betriebsferien geschlossen.

BESONDERHEITEN
Auch Kleinkunst wird in dem Jurahaus groß geschrieben, daher finden im Innenhof Konzerte statt. Es gibt außerdem einige Gästezimmer.

Foto: Gabi Schönberger

Auf der Terrasse des Hotel-Restaurants Schießl in Neubäu kann man feine Schmankerl genießen. Der See ist in Sichtweite.

Gastrotipp: Hotel am See

Schmankerl mit Seeblick

Familie Schießl bietet eine traditionelle Küche für Groß und Klein in gemütlicher Atmosphäre.

FRITZ WINTER, MZ, ERSCHIENEN AM 08.09.2007

An einem schönen Sommermittag bietet sich ein Ausflug an den 58 Hektar großen Neubäuer See bei Roding im Kreis Cham an. Direkt am Wasser liegt das Hotel am See von Anton und Krista Schießl. Wir wollen die Küche ausprobieren, weil wir in Erinnerung haben, dass Tochter Daniela schon mehrere Wettbewerbe gewonnen hat und zu den besten Jungköchinnen Bayerns gehört. Natürlich wissen wir nicht, ob sie auch heute am Herd steht, aber die sehr reichhaltige Speisekarte verspricht uns auf der Terrasse sozusagen Schmankerl mit Seeblick.

Wir beginnen mit einer Tomatencremesuppe von der Tageskarte (2,50 Euro), die uns aber etwas enttäuscht. Nicht wegen der Würze oder des fruchtigen Geschmacks – der ist durchaus in Ordnung. Aber das Süppchen kommt ziemlich nackt daher. Wenigstens einige Croutons oder etwas Weißbrot hätten wir uns gewünscht.

Ebenfalls auf der Tageskarte finden sich „Schweinelendchen Madagaskar" in Pfefferrahmsauce mit Kartoffelkroketten und einem Salat der Saison (12,70 Euro). Serviert von der freundlichen Bedienung kommen die Lendchen geschwind auf den Tisch: Sie sind zart auf den Punkt gebraten und aus der Pfefferrahmsauce schmeckt man feines Aroma von Sherry hervor. Die Kroketten sind kross, der Salat sehr üppig. Nicht ganz schlüssig sind wir aber, ob beim Kraut- und Kartoffelsalat nicht doch Fertigprodukte verwendet wurden.

Wildspezialitäten sollen im Hotel am See berühmt sein – deshalb entscheiden wir uns noch für einen Rehbraten „Hubertus" mit hausgemachten Eierspätzle und Apfelblaukraut (12,70 Euro). Der Braten ist ein Gedicht: Wunderbar zartes Fleisch harmoniert perfekt zu den Spätzle, die leicht und locker den Teller zieren. Als Wildgenießer fehlte uns an der Sauce aber etwas der typische Rehgeschmack, der entsteht, wenn man Wildfonds selbst zubereitet. Sie war auch etwas zu sämig – so, als ob doch ein kleines künstliches „Helferchen" am Werk gewesen wäre.

Schade, dass ausgerechnet zur Mittagszeit ein Rasenmähertraktor im Hotelgarten lautstark werkelte – sonst wäre der Genuss am Neubäuer See fast perfekt gewesen. Ein köstliches Bananensplit (4,10 Euro) entschädigt uns aber für den Lärm.

HOTEL AM SEE
Seestraße 1-3
93426 Roding-Neubäu
Telefon: (09469) 341 oder 455

ÖFFNUNGSZEITEN
Mi bis So: 11.00 – 24.00 Uhr
Mo und Di ab 15.00 Uhr

BESONDERHEITEN
Lage direkt am Neubäuer See mit Terrasse, Hotelbetrieb

Foto: Peter Nicklas

Mit köstlichen Gerichten und durch einen freundlichen Service rundum verwöhnt wird der Gast im Hotel Forsthof (hi. li.: Chef Johann Reindl).

Gastrotipp: Hotel Forsthof

Wellness nach Art von Mama und Oma

Genau zwischen Amberg und Neumarkt liegt ein Genießer-Ziel, das Gäste aus allen Regionen begeistert.

VON MICHAELA UND JOSEF FICHTNER, MZ, ERSCHIENEN AM 03.03.2007

Freundlichkeit, Servicebereitschaft, Wohlfühlqualität für den Gast lautet die einfache Philosophie der Landguthotels und damit auch des Hotels Forsthof in Kastl (Landkreis Amberg-Sulzbach). Geschichtsträchtig sind der Markt im als „Toskana der Oberpfalz" gerühmten Lauterachtal wie auch der Gasthof. In der vierten Generation wird er seit 1981 von Anneliese Ruder und ihrem Mann Johann Reindl geführt. Durchs rustikale Gastzimmer geht es in die Gaststube.

Angesichts des familiär-herzlichen Services fühlen wir uns hier sofort wohl. Als anwärmendes Entrée wählt Madame die Kartoffelcremesuppe mit Speck (3,80 Euro), serviert in einer handgefertigten Schale des Kastler Töpfers Adolf Kraft. Die Suppe – wie bei Oma – schmeckt nach Kartoffeln, ist cremig auch ohne Sahneberg. Und: Im Forsthof weiß man dezent mit dem Salzfass umzugehen. Das gilt ebenso für Monsieurs Töpferl hausgemachter Leberwurst (4,50 Euro) mit Bauernbrot, Gurke und Radieschen, das der Herr gewählt hat.

Das feine Miteinander von pikant und mild begeistert bei den Hähnchenbruststreifen auf Gemüsereis (12,90 Euro). Delikat gewürzt ist das zarte Fleisch, der duftende Basmatireis mit zum Beispiel Frühlingszwiebelchen, Mais und Paprika der ideale Begleiter, die pikante Tomatensoße das i-Tüpfelchen. Dekoriert wird übrigens mit frischen Tomatenwürfeln.

Ins Schwärmen gerät der ländlich konditionierte Herr Tester bei der Rinderroulade mit Brezenknödeln (14,90 Euro). Eine satt machende, aber keinesfalls belastende Portion subtil verfeinerter Hausmannskost: Die Roulade ist gut fein geschnitten, aber niemals dürr – dafür sorgt die schmackige, richtig durchgezogene und saftige Füllung aus dem Speck, den Zwiebeln und ein paar Geheimnissen wie bei Mama. Nochmals Hochgenuss dann beim Dessert: mit dem an Elisenlebkuchen erinnernden Winterstrudel mit Rotweinzwetschgen (4,50 Euro) und vor allem durch die Spezialität „Forsthofs Schneeball" (4,50 Euro)! Auf einem Schokoladenspiegel schwebt, frisch aus dem Backofen, ein von Mandeln umhüllter Biskuitball. Und innen drin: Vanilleeis! Das Mysterium der Herstellung hat die Küche uns nicht verraten. Dass man im Hotel Forsthof richtig köstlich isst, verraten wir gern.

HOTEL FORSTHOF
Amberger Straße 2
92280 Kastl
Telefon: (09625) 92 030

ÖFFNUNGSZEITEN
Mi – Mo ganztags warme Küche
Di Ruhetag

BESONDERHEITEN
Kulinarischer Kalender, hausgemachte Wurst- und Schinkenspezialitäten.

Foto: Hans Braun

Bei Sonnenschein kann man sich im Biergarten des Hotels und Landgasthofs Burkhard wunderbar verwöhnen lassen.

Gastrotipp: Hotel Landgasthof Burkhard

Genuss aus dem Kräutergarten

Der Landgasthof Burkhard in Wernberg-Köblitz bietet eine vielseitige und feine Küche.

VON LISSI KNIPL-ZÖRKLER, MZ, ERSCHIENEN AM 02.07.2011

Die Verwendung frischer Kräuter und die Auswahl an erlesenen Zutaten ist im Hotel Landgasthof Burkhard in Wernberg-Köblitz kein Geheimnis, sondern vielmehr Devise, verrät uns die sympathische Chefin Heidi Burkhard und lädt uns in ihren Kräutergarten ein. Ihre Leidenschaft für natürliche Aromen spiegelt sich in der Speisekarte wider. Der lauwarme Tintenfisch auf einem frischen Kräutersalat zergeht förmlich auf der Zunge. Am liebsten hätten wir noch einen Nachschlag! Das leicht fruchtige Spargelmousse ist ebenfalls auf einem bunten Wildkräutersalat angerichtet.

Die Speisekarte überzeugt durch ihre Vielfalt. Neben Brotzeiten locken klassische und vegetarische Gerichte (selbst gemachte Kräuterravioli, mediterran gefüllt), bayerische Schmankerl (Bauernpfandl, Schweinsbrüstl), edle Fisch- und Wildspezialitäten (Variationen von Lachs, Garnelen und Flusskrebsen) und zwei wechselnde Menüs (von 19,50 bis 29,50 Euro). Als Hauptgang entscheiden wir uns für den Milchlammrücken und das Angusfilet. Die Bedienung ist freundlich. Auch Sonderwünsche werden sofort erfüllt. Als Alternative zur Polenta empfiehlt sie „Bamberger Hörnla", eine besondere fränkische Kartoffelsorte.

Ein vielversprechender Duft von Rosmarin steigt uns in die Nase, als mein Milchlammrücken serviert wird. Die rosa gebratenen Lammstücke sind kunstvoll auf einem aromatischen Jus drapiert und die Portion sorgt für bewundernde Blicke der anderen Gäste. Mir erscheint sie zunächst unbezwingbar. Groß, großartig – und am Ende dann doch verspeist! Das auf den Punkt gebratene Filet vom Angusrind ist saftig, exzellent gewürzt und wird mit Schmorzwiebeln, Thaispargel und Kartoffelgratin gereicht. Der Merlot ist perfekt temperiert und rundet unser Menü ab. Als Dessert wählen wir die geeiste Mokkacreme mit Espressoparfait und hoffen, dass uns der Koffeinschub mit leichtem Vanillearoma und zarten Schokosplittern für die bevorstehende Heimfahrt puscht.

Für uns steht fest: Wir kommen auf jeden Fall wieder und kosten den kulinarischen Kalender. Als besonderes Genusserlebnis finden hier nämlich je nach Saison Themenabende (mit Motto wie Wild, Fisch, Wein, et cetera) statt.

HOTEL LANDGASTHOF BURKHARD
Marktplatz 10
92533 Wernberg-Köblitz
Telefon: (09604) 92 180
Telefax: (09604) 921 850

ÖFFNUNGSZEITEN
Mo bis Mi: 11.30 – 14.00 Uhr und 17.30 – 23.00 Uhr
Do: 11.30 – 14.00 Uhr, Fr Ruhetag, Sa mittags geschlossen, So abends geschlossen

BESONDERHEITEN
Kulinarischer Kalender– Abendmenüs nach speziellen Themen

Foto: Gabi Schönberger

Seit vielen Jahren ist der Hotel-Gasthof Lehmeier eine Adresse für sehr gutes Essen. Hier lächeln Gast und Bedienung um die Wette.

Gastrotipp: Hotel-Gasthof Lehmeier

Wo Kochen eine Berufung ist

Jeder kennt Restaurants, in denen Gäste nie enttäuscht werden: Der Hotel-Gasthof Lehmeier in Neumarkt gehört dazu.

VON JOSEF PÖLLMANN, MZ, ERSCHIENEN AM 06.09.2008

Mit guten Gasthäusern ist es wie mit guten Freunden. Man kann sich in jeder Situation auf sie verlassen. Zu dieser Kategorie zählt der Hotel-Gasthof Lehmeier in Neumarkt. Seit Jahren staunen wir darüber, dass die Familie die Qualität der Küche auf einem gleichbleibend hohen Niveau halten kann. So war es auch bei unserem letzten Besuch. Den ganzen Tag über hatten wir Appetit auf Pfifferlinge. Uns war klar: Lehmeier hat sie bestimmt, denn er kocht mit den Zutaten, die die Jahreszeit hergibt.

Den lauen Sommerabend nutzten viele Gäste zu einem Besuch im Hotel-Gasthof. Mit Glück, weil ohne Voranmeldung ergatterten wir in der Gaststube noch ein Plätzchen. Ohne lange Wartezeit kam die Bedienung an den Tisch, übrigens ausnehmend freundlich. Lächeln ist hier offenbar eine Einstellungsvoraussetzung.

Die Speisenkarte enttäuschte uns nicht: Die heiß ersehnten Pilzgerichte gab es in großer Auswahl. Die sautierten Hühnerbrüstchen mit Pfifferlingen können wir nur empfehlen: das Fleisch kurz angebraten und wunderbar zart, der Geschmack der Gewürze voll erhalten. Das Nudelbett, garniert mit Zuckerschoten, war die perfekte Ergänzung. Und die Soße die ideale Abrundung. Man schmeckte, dass es bei Lehmeier Gesetz ist, alle Soßen selbst hochzuziehen.

Dass sich Handarbeit auszahlt, schmeckte man bei den Brezenknödeln, die mit Pfifferlingen und einer pikanten Soße serviert wurden. Die kleinen Knödel waren schön locker, frisch im Geschmack, auf den Punkt gewürzt. Ein Kompliment an die Küche! Den Abend ließen wir mit einem Erdbeersüppchen auf Joghurteis und einem reichhaltigen Dessertteller ausklingen. Wieder einmal hatte uns der Hotel-Gasthof nicht enttäuscht.

Karl Lehmeier und seine Frau Johanna sehen ihre Arbeit übrigens als tägliche Herausforderung und bringen diese Einstellung auch ihren Lehrlingen bei. „Bei uns gibt es nichts aus der Packung" sagte der Inhaber stolz. Das hatten offenbar auch die Tester der Zeitschrift „Feinschmecker" bemerkt. Die bedachte die Küchenleistung mit einem „F" und der Erwähnung in einer Sonderbroschüre.

HOTEL-GASTHOF LEHMEIER
Obere Marktstraße 12
92318 Neumarkt
Telefon: (09181) 25 730

ÖFFNUNGSZEITEN:
Mi bis So: Mittagstisch von 11.30 – 14.30 Uhr, anschließend geht es mit einer kleineren Karte weiter, Abendessen 17.30 – 22.00 Uhr
Oktober bis einschließlich März ist sonntags ab 15.00 Uhr geschlossen
Mo und Di: Ruhetag
Anmeldung ist erwünscht

Foto: Hotel-Gasthof Lehmeier

Gemütliche Atmosphäre, feines Essen – kein Wunder, dass man in der Schwandorfer Hufschmiede besser einen Platz vorbestellen sollte.

Gastrotipp: Hufschmiede

Flott, freundlich und vorzüglich

Augen- und Gaumenschmaus
in der Schwandorfer Hufschmiede

VON BETTINA DENNERLOHR, MZ, ERSCHIENEN AM 08.01.2011

In einem der ältesten Gebäude Schwandorfs soll sich mit der Hufschmiede eines der besten Restaurants der Stadt verbergen. Dem gehen wir nach Feierabend auf den Grund. Wir haben einen Tisch vorbestellt – und das war auch nötig: Alles ist besetzt oder reserviert. In der Hufschmiede werden wir freundlich empfangen. So bleibt das Personal auch für den Rest des Abends: immer präsent, aber nie aufdringlich.

Als Vorspeise wählen wir eine Paprika-Chili-Suppe und eine kleine Portion Carpaccio. Beides überzeugt uns vollkommen. Die Suppe ist angenehm scharf, die Aromen stimmig kombiniert. Auch das Carpaccio ist mit einer köstlichen Kräutervinaigrette und erstklassigem Parmesan ein Genuss. Schon bei der Vorspeise fällt uns auf, dass in der Hufschmiede niemand lange hungrig bleibt – nur wenige Augenblicke nach der Bestellung wird uns das Essen bereits serviert.

Zum Hauptgang wollen wir den Lava-Grill testen – eine der Spezialitäten des Hauses. Die freundliche Bedienung bringt uns den Grillteller mit Schwein, Pute, Rind, zweierlei Dips und einer Kräuterquarkkartoffel sowie ein Filetsteak vom Jungbullen mit Trüffelsauce. Statt der Tagliatelle, die in der Karte empfohlen werden, essen wir zum Jungbullen Kartoffelgratin. Wieder kommt das Essen prompt, wieder sind wir begeistert. Das Fleisch wurde genau nach unseren Wünschen „medium" beziehungsweise „durch" zubereitet. Die Beilagen, Dips und Saucen sind tadellos und ergänzen sich vorzüglich. Eigentlich sind wir schon jetzt satt, aber die Nachspeisen wollen wir trotzdem probieren: Zweierlei Schokoladenmousse mit Früchten und die Käseplatte. Vor dem Gaumenkommt hier der Augenschmaus: Beide Teller sind mit appetitlichen Früchten dekoriert, die so gut schmecken wie sie aussehen. Auch die Käseauswahl lässt keine Wünsche offen. Nur an der dunklen Schokomousse, die auf Mango- und Himbeersauce serviert wird, finden wir eine Kleinigkeit auszusetzen: Ihre Konsistenz ist einen Tick zu fest. Wir haben sie trotzdem mit Genuss aufgegessen.

Die umfangreiche Weinkarte der Hufschmiede hätten wir gerne getestet, mussten angesichts der Heimfahrt allerdings darauf verzichten. Gefehlt hat uns an diesem rundum gelungenen Abend trotzdem nichts.

HUFSCHMIEDE
Breite Straße 25
92421 Schwandorf
Telefon: (09431) 996 166
www.hufschmiede-sad.de

ÖFFNUNGSZEITEN
Mo bis Sa: 18.00 – 1.00 Uhr, So Ruhetag

BESONDERHEITEN
Spezialitäten vom Lava-Grill,
gut sortierte Weinkarte

Foto: Hufschmiede

> Das Kreutzers hat sich in wenigen Wochen in Regensburg einen Namen gemacht. Die Küche ist bekannt hochwertig.

Gastrotipp: Kreutzers Restaurant

Ein Leuchtturm im Hafenviertel

Matthias Kreutzer hat in Regensburg kulinarisch einiges zu bieten. Sein Lokal brummt.

VON JOSEF PÖLLMANN, MZ, ERSCHIENEN AM 09.07.2011

Der Regensburger Stadtosten wird sich in den kommenden Jahren von der grauen Maus zu einem attraktiven Stadtviertel entwickeln. Mit der Umsetzung zukunftsfähiger Wohn-, Grün- und Energiekonzepte ist zwar noch nicht begonnen, doch eine erste Top-Adresse gibt es schon.

Im April öffnete im alten Regensburger Hafenviertel mit dem Kreutzers ein kulinarischer Leuchtturm. Die Stammgäste machten sich zunächst Sorgen: Doch Matthias Kreutzer wagte den Sprung ins kalte Wasser, verließ die idyllische Schlosswirtschaft in Heitzenhofen und entschied sich für den Neuanfang in Regensburg. Er dürfte es nicht bereut haben.

An dem Donnerstagabend, an dem wir im Kreutzers vorbeischauen, ist das Lokal zur Hälfte gefüllt. Der erste Eindruck ist sehr gut. Das Kreutzers punktet mit einer schlichten, aber modernen Einrichtung. Der Blick fällt sofort auf den riesigen Holzkohlengrill, auf dem der Chef höchstpersönlich Fleisch und Fisch brutzelt.

Die Speisen bekamen wir in der bekannt hohen Kreutzer-Qualität: Der Salat mit gebratenen Wachtelbrüstchen war ein echter Leckerbissen zum Start: das Dressing fein, das Fleisch zart und perfekt gewürzt. Ebenso mundeten die gratinierten Jakobsmuscheln. Das Steak zur Hauptspeise kam optisch zwar sehr spartanisch daher. Doch war es auf den Punkt gegrillt – außen kross und innen saftig. Die Dips – Kräuterbutter, Aioli und Barbecuesauce waren gut. Ein Steak, das auf alle Fälle seinen Preis wert war. Schön, dass die Rosmarinkartoffeln auch ein kräftiges Aroma transportierten. Das ist nicht überall so. Der Wildlachs schmeckte meiner Begleiterin hervorragend. Die gratinierten Mirabellen mit Eis und Vanilleschaum waren ein gelungener Abschluss.

KREUTZERS RESTAURANT
Prinz-Ludwig-Str. 15 a
93055 Regensburg
Telefon: (0941) 569 565 020
www.kreutzers-restaurant.de

ÖFFNUNGSZEITEN:
Mo bis Fr: ab 11.00 Uhr
Sa: ab 18.00 Uhr
So Ruhetag

BESONDERHEITEN
täglich Drei-Gänge-Businessmenü

Foto: Kreutzers Restaurant

Sehenswert, was Claudia Lukas, die Almhof-Wirtin, serviert. Das Umfeld der beiden Gaststuben ist es ohnehin.

Gastrotipp: Landgasthaus Almhof

Das wunderbare Ende eines Tabus

Im Almhof hoch über Neumarkt gibt es für den Gast eine Küche köstlicher Überraschungen.

VON LOTHAR RÖHRL, MZ, ERSCHIENEN AM 22.11.2014

Ob wir den Schuss Zitronensaft herausgeschmeckt haben, der ins Sesamöl gemischt war? „Nein", lautete unsere Antwort auf die Frage der leicht schelmisch lächelnden Wirtin Claudia Lukas. Mit dem Öl war das Carpaccio vom Juradistl-Rind angesetzt, das als „Mogntratzerl" den lukullischen Teil unseres Besuchs im Landgasthaus Almhof eröffnet hat. Es sollten weitere köstlich-überraschende Momente folgen, ehe wir mit dem Gefühl nach Hause fuhren, dort beim nächsten Besuch noch mehr probieren zu wollen.

Vermutlich ist es den Testern des Bayerischen Hotel- und Gaststättenverbandes auch so gegangen, als sie im Frühjahr im Almhof vorbeigeschaut haben. Im Wettbewerb „Ausgezeichnete Bayerische Küche" hatte es denen beim Testessen und den anschließenden kritischen Blicken in die Küche und die Vorratsräume so gut gefallen, dass sich Claudia und Georg Lukas danach über die Höchstnote freuen durften: „Drei Rauten". Unser Essen im Almhof hat bestätigt, warum es diese Bestbewertung gegeben hat. Etwa bei der Saure-Zipfl-Suppe, die ich mir als Vorspeise bestellt hatte. Frisch zubereitet, würzig im Geschmack, sauer-cremig die Brühe und ein Paar kleingeschnippelte Nürnberger Bratwürstl als Einlage: Für einen Suppenfan wie mich war das ein sehr gelungener Auftakt. Meine Frau freute sich mehr auf den „Bunten Wirtshaussalat". Knackig grüne Blattsalate, garniert mit knusprig-angebratenem Hähnchenbrüstchen: Schon vor dem ersten Bissen durfte das Auge kräftig mitessen.

Das ging mir mit meinem von einer Kräuterkruste überzogenen Kalbsfilet genauso. Kurz überlegte ich, ob ich mit meinem Besteck die von Küchenmeister Georg Lukas angerichteten Filets überhaupt zerteilen sollte. Der Genuss des butterweichen Fleisches belohnte mich für die Entscheidung, das optische Kunstwerk mit Messer und Gabel dann doch zerstört zu haben.

Dann erlaubte ich mir noch einen persönlichen Tabubruch. Aus „Nachspeise nie" wurde ein Schwärmen für die hausgemachten Nussnudeln: Dafür hatte Georg Lukas selbst gedrehte Schupfnudeln mit klein gehackten Nüssen, Honig und Zwetschgenmus aus dem eigenen Garten übergossen.

Landgasthaus Almhof
Am Höhenberg 5
92318 Neumarkt-Höhenberg
Telefon: (09181) 32 584
www.landgasthaus-almhof.de

ÖFFNUNGSZEITEN
Di bis Fr: 17.00 – 22.00 Uhr,
Sa und So: 11.00 – 14.00 Uhr und 17.00 – 22.00 Uhr
Mo Ruhetag

BESONDERHEITEN
Bei schönem Wetter können Gäste draußen sitzen – mit Blick auf die Dreieinigkeitskirche.

Foto: Lothar Röhrl

Traditionelle Oberpfälzer Wirtshausküche versprechen die Köche im Landgasthof Meier. Doch kulinarisch bieten sie noch viel mehr.

Gastrotipp: Landgasthof Meier

Wirtshauskultur vom Allerfeinsten

Der Landgasthof Meier ist eine gute Adresse für Genießer.
Das Motto des Chefs: „Kochen mit Liebe, essen nach Herzenslust"

VON JOSEF PÖLLMANN, MZ, ERSCHIENEN AM 18.12.2010

Die gute regionale Küche genießt einen hohen Stellenwert. Kein Wunder also, dass wir im Landgasthof Meier an diesem Freitagabend gerade noch ein letztes Plätzchen ergattern. So stellen wir uns die Oberpfälzer Wirtshauskultur vor: eine schöne Gaststube und nette Leute wie den Seniorchef, der uns mit einer Herzlichkeit begrüßt, dass wir uns sofort heimisch fühlen.

Das Gasthaus von Michael und Claudia Meier ist ein Geheimtipp im Landkreis Neumarkt. Denn die Küche ist bekannt dafür, dass sie Schmackhaftes mit besten Zutaten aus der Nachbarschaft benutzt. Und wer glaubt, im Landgasthof gebe es nur Oberpfälzer Küche, der täuscht sich. Denn die Köche glänzen mit Köstlichkeiten, die weit über das hinausgehen, was man in einem Dorfwirtshaus gemeinhin erwartet. „Kochen mit Liebe, essen nach Herzenslust" lautet das Versprechen des Küchenchefs, das er auch an diesem Abend einlöst.

Deftig lautet die Devise, nach der ich mir heute die Gerichte aussuche. Die gegrillten Datteln im Speckmantel sind da zum Start genau das Richtige. Gespannt bin ich auf das Tegernseer Schnitzel. Das zarte Fleisch vom Kalb erhält durch seine Füllung aus Meerrettich und süßem Senf eine besondere Note. Die Bratkartoffeln sind lecker, knusprig, aber nicht zu fett. Meine Begleiterin setzt andere Schwerpunkte. Sie schwärmt von den gratinierten Jakobsmuscheln, denen Parmesan, Tomaten und Petersilie einen runden Geschmack verleihen. Gespannt sind wir auf die Dorade, die sie zur Hauptspeise bestellt hat. Das Fleisch des Meeresfischs ist fest. Sein Geschmack wird durch die Beilagen nicht übertüncht. Vielmehr ergänzen sich der Fisch und das Tomaten-Paprikagemüse sehr gut. Was will man mehr, wenn dazu Safrannudeln gereicht werden? Hausgemachtes rundet den Abend ab. Die Meiers servieren Buttermilchplinsen (Pfannkuchen) mit Sauerkirschen und Milcheis.

Am Ende sind wir wieder einmal in unserer Lokalwahl bestätigt worden. Meier kann nämlich beides: klassische Wirtshausküche für Genussmenschen und kulinarische Offenbarungen für Genießer.

LANDGASTHOF MEIER
Hilzhofen 18
92367 Pilsach-Hilzhofen
Telefon: (09186) 237

ÖFFNUNGSZEITEN:
Geöffnet: 9.00 – 24.00 Uhr
Mo und Mi Ruhetag (außer feiertags)

BESONDERHEITEN
Dienstag: Schlachtschüssel,
Freitag: Forelle, Samstag: Ripperln,
Sonntag: Hilzhofener Bratenküche

Foto: Landgasthof Meier

Romantik im Weißen Roß: Warmes Kaminfeuer, feines Essen und ein guter Wein verwöhnen die Gäste.

Gastrotipp: Landhotel Weißes Roß

Kuschelmenü vom Feinsten

Im Weißen Roß kann man bei einem romantischen Menü die Zweisamkeit genießen.

VON LISSI KNIPL-ZÖRKLER, MZ, ERSCHIENEN AM 15.10.2011

Ausgezeichnete Gourmetküche – mit diesen Worten empfehlen der Vartaführer, der Gault Millau und der Feinschmecker das Landhotel Weißes Roß in Illschwang. Wer sein Herzblatt mit einem romantischen Kuscheldinner so richtig verwöhnen möchte, ist hier genau an der richtigen Adresse.

Ein liebevoll gedeckter Tisch im stimmungsvollen Kaminzimmer – direkt vorm lodernden Feuer, da wird einem schnell warm ums Herz. Beim Aperitif „Oberpfälzer Vortrunk" (Bitter Lemon mit Himbeergeist und leicht angefrorenen Beeren) studieren wir die Speisekarte, die mit raffinierten Rezepten, typischen Oberpfälzer Schmankerln sowie leckeren Gerichten für Vegetarier lockt. Gut, dass wir nicht wählen müssen, denn unser Menü wird uns vom Chef des Hauses, Hans-Jürgen Nägerl, persönlich erläutert. Bei der Weinempfehlung nimmt er sich reichlich Zeit. Als Chefkoch möchte er seine Gäste gerne kulinarisch verwöhnen, aber auch Zeit für sie haben, erklärt er uns.

In entspannter Atmosphäre genießen wir unser gebratenes Wachtelbrüstchen auf lauwarmem Romanasalat mit feinstem Ziegenkäseschaum – ein wahres Gedicht. Bodenständig kommt da schon eher die Geflügelkraftbrühe mit einem Entenkrapfen daher. Uns gefällt die Mischung aus bayerisch traditioneller und moderner, ausgefallener Küche.

Das zarte Rotbarbenfilet auf frischem Tomaten-Artischocken-Gemüse besticht durch eine leicht mediterrane Note. Wir sind noch ganz beeindruckt vom Fisch, da steigt uns bereits der Duft des Wilds in die Nase. Das Rehmedaillon auf Blumenkohlpüree mit Feigenjus und Topfenschnitte ist schon optisch ein wahres Highlight. Als Nachspeise wird Limonen-Brûlée gereicht. In einer flachen Schale serviert, garantiert es doppelten Knuspergenuss. Das mache ich in Zukunft auch.

Extratipp: Für alle, die nach diesem verführerischen Menü übernachten wollen, gibt es ein extra Kuschelarrangement mit Verwöhnpension.

LANDHOTEL WEISSES ROSS
Am Kirchberg 1
92278 Illschwang
Telefon: (09666) 188 050
Telefax: (09666) 284
www.weisses-ross.de

ÖFFNUNGSZEITEN
Restaurant/Warme Küche:
Di bis Sa: 11.30 – 14.00 Uhr und 18.00 – 21.30 Uhr
So: 17.00 – 21.00 Uhr
montags nur für Hotelgäste geöffnet

Foto: Gabi Schönberger

Johann Herrler: Mit dem Lex in Neumarkt hat er ein In-Bistro geschaffen. Perfektes Essen ist dort garantiert.

Gastrotipp: Lex Café Bistro

Lex: lila, lecker, Lebensfreude

Johann Herrler hat in Neumarkt ein In-Bistro für Einheimische und ein Lokal für Feinschmecker von auswärts geschaffen.

VON JOSEF PÖLLMANN, MZ, ERSCHIENEN AM 24.10.2009

Café und Bistro: Johann Herrler hat wieder mal auf Understatement gemacht. Sein Lex in Neumarkt verdient mindestens die Bezeichnung „In-Bistro". Die einheimische Prominenz hat es nämlich längst in Beschlag genommen. Und auch im Umkreis scheint es sich herumgesprochen zu haben, dass der Gourmet jetzt auch in der Oberpfalz kulinarisch für Furore sorgt. Wir finden ein Plätzchen und sind eingenommen von der Einrichtung – modern und geschmackvoll. Lila dominiert das Lex: lila Stühle, lila Lampen, lila Schimmer in der Beleuchtung. Ein Farberlebnis, wie man es in seiner Intensität nur zur Blauen Stunde hat.

Ganz im Gegensatz zu den klassischen französischen Bistros wartet Johann Herrler mit einer unglaublich großen Speisenkarte auf. Hier findet jeder was. Natürlich gibt es Sandwiches – aber auch hausgemachte Nudeln mit leckeren Soßen, Fleischgerichte, Asiatisches, Fisch und andere Meeresköstlichkeiten. Man merkt, dass Herrler schon auf unterschiedlichen Kontinenten gekocht hat.

Ich wähle eine Curry-Kokossuppe. Meine Begleiterin ordert „Tom Yam Gung": Kraftvoll und scharf schmeckt diese Riesengarnelensuppe. Wir sind kulinarisch in Asien angekommen. Eine wunderbar süßliche Note hat der Thai-Gemüse-Curry, der mit Sesam-Basmatireis als Hauptspeise gereicht wird. Das Thai-Hähnchen-Curry mit Kokosreis durchzieht ein mild-nussiger Geschmack mit einer leichten Süße. Wunderbar. An den Nachspeisen kommen wir nicht vorbei: Denn die haben wir von einem Besuch in Herrlers Gourmetrestaurant in Beilngries noch in bester Erinnerung. Die gebackene Banane mit Kokossoße und Mangoeis sowie die karamellisierte Ananas mit Cassiseis erfüllen unsere Erwartungen.

Auch heute hat Johann Herrler in der Küche selbst Hand angelegt. Wir rätseln noch kurz, warum er sein Lokal Lex genannt hat. Wahrscheinlich weil perfektes Essen bei Herrler Gesetz ist. Denn als Sternekoch von Euro-Toques, einer Initiative von europäischen Spitzenköchen, kämpft er mit Stars wie Paul Bocuse oder Eckart Witzigmann dafür, dass die Esskultur hochgehalten wird.

LEX CAFÉ BISTRO
Regensburger Straße 109
92318 Neumarkt
Telefon: (09181) 50 907 500

ÖFFNUNGSZEITEN
Mo bis Fr: 9.00 – 1.00 Uhr
Sa: 17.00 – 1.00 Uhr
So und feiertags geschlossen

BESONDERHEITEN
Extramittagskarte von Montag bis Freitag
von 11.00 – 14.00 Uhr

Foto: Gerd Schlittenbauer

 Sternekoch Hubert Obendorfer verwöhnt seine Gäste im stilvollen Art-déco-Ambiente des Restaurants Eisvogel im Birkenhof.

Gastrotipp: Restaurant Eisvogel im Landhotel Birkenhof

Verzaubert vom Eisvogel

Hubert Obendorfer berauscht mit neuen Erfahrungen – Olivenölkaviar zum Beispiel.

VON MARIANNE SPERB, MZ, ERSCHIENEN AM 13.10.2012

Vor diesem Restaurant muss gewarnt werden. Wer im Eisvogel ein Menü nimmt, könnte sich berauscht von Aromen wiederfinden und sich eine lange Abhängigkeit von Hubert Obendorfers Sterneküche zuziehen. Andererseits: Wer die Sucht nicht scheut, gewinnt mit hoher Wahrscheinlichkeit das große Glück neuer Erfahrungen. Er spürt vielleicht das erste Mal im Leben, wie sattgoldene Perlen von Olivenölkaviar sacht im Mund zerplatzen, vergleicht schmeckend die Kristalle von Orangengranité mit der Struktur des begleitenden Fischsandwiches, das zart und zerbrechlich wie ein Streichholz auf dem Teller liegt oder erforscht die leicht bittere Süße einer Kapern-Zitronen-Vinaigrette, die aus dem weißen Heilbutt ein völlig neues Fischerlebnis macht.

Der Eisvogel ist im Landhotel Birkenhof daheim. Wir rollen durch eine imposante Allee, folgen im Haus dem sanften Schwung eines Gangs mit gepolsterten Wänden und finden uns in eine andere Welt geschleust. Leise Musik im Art-déco-Ambiente, unsichtbare Hände, die die Handtasche auf einem Schemelchen platzieren, der stete Takt, in dem Teller auf Teller aufgetragen wird: Jedes Detail macht klar, dass dieses Lokal rund läuft, auch wenn der Chef, wie an diesem Abend, mal nicht da ist, weil er nämlich auf der Buchmesse in Frankfurt gerade sein neues Fingerfood-Buch vorstellt.

Die Küche verwöhnt uns mit drei, vier, fünf Amuse-Gueules. Wir probieren uns durch köstliche Winzigkeiten wie Gurken-Wasabi-Gelee, Gänseleberpraline und Bananenragout. Hubert Obendorfer und sein Team beherrschen natürlich die perfekte Behandlung der Rohstoffe. Der Blattspinat, die Langostinos, die Jakobsmuschel, das alles hat Zartheit, Biss und Frische. Außerdem ist Obendorfer aber auch ein Augenmensch und Showman, der mit Lust an der Illusion arbeitet. Er versteckt einen Happen Fisch unter einer silberglänzenden Eischale und präsentiert eine Zucchini-Zeste wie beiläufig als daumennagelkleine grüne Schnecke.

Die Menüfolge bleibt bis zum Espresso aufregend, interessant und leicht wie ein guter französischer Film. Als wir am Schluss das überraschende Zusammenspiel von weißem Kaffee, Mango und Granatäpfel genießen, wissen wir: Wir sind infiziert.

**RESTAURANT EISVOGEL
IM LANDHOTEL BIRKENHOF**
Hofenstetten 55
92431 Neunburg v. Wald
Telefon: (09439) 9550
www.landhotel-birkenhof.de

ÖFFNUNGSZEITEN
Di bis Sa: ab 19.00 Uhr

BESONDERHEITEN
Das Restaurant gehört zu einem Hotel mit Wellnessbereich.

Foto: Gabi Schönberger

Martin Göttlinger serviert Karotten-Ingwer-Risotto mit grilliertem Bärenkrebs und Kopfsalat-Emulsion (vorne) und offenen Raviolo mit Sommergemüse und gebratenen Jakobsmuscheln.

Gastrotipp: Restaurant Göttlinger

Die kleine Welt der großen Küche

Martin Göttlinger hat aus dem Dorfwirtshaus von Waffenbrunn eine Gourmet-Adresse gemacht.

VON ERNST FISCHER, MZ, ERSCHIENEN AM 08.09.2012

Irgendwo aus einer Ecke singt Norah Jones wie von fern: „Sunrise, sunrise, looks like morning in your eyes ..." – ein heißer Spätsommerabend auf der Terrasse: Apfelbäume, grüne Wiese, eine Pappelallee bis zum Horizont. Am Parkplatz im Hof steht ein roter Alfa-Spider-Oldie. Und die Glocken der Dorfkirche läuten zur Abendmesse.

Martin Göttlinger (38) hat große Küche in die Dorfidylle nach Waffenbrunn gebracht, seit er vor gut einem Jahr das Familienwirtshaus übernommen hat. Beim Göttlinger – das war mal die Dorfkneipe neben der Kirche: Frühschoppen, Stammtisch, Schweinsbraten.

Heute steht „Gebratene Foie Gras" auf der Karte: „... auf Erbsenpüree mit karamellisierten Apfelspalten und Brioche". Oder mal ein „Indisches Schäufele mit Basmatireis", oder Crème brûlée zum Nachtisch. Bodenständige Küche, französisch, italienisch, asiatisch angehaucht, so hat es der Sohn des Hauses gelernt draußen in der Welt, zuletzt beim Sternekoch Markus Gass im Adler von Hurden (Schweiz). Marinierter Thunfisch an Glasnudelsalat und Papaya (10,80 Euro), das ist eine Geschmacksreise nach Fernost an diesem heißen Spätsommerabend unterm Kirchturm von Waffenbrunn: süß, scharf, exotisch, pikant! Die Schaumsuppe vom weißen Chicorée mit gebackener Gänsepraline (5,80 Euro) bekommt von meiner Frau das Prädikat „leicht und luftig". Die Gänsepraline ist auf den ersten Biss „knusprig wie eine gebrannte Mandel" und innen „saftig wie eine Gänsekeule". Der Red Snapper und die Spinat-Ricotta-Gnocchi (15,80 Euro) zum Hauptgang schwimmen in Paprikaschaum – grün-weiß-rot, eine Geschmacks-Trikolore Italiens im Bayerwald. Im Kalbsfilet auf Ratatouille (16,80 Euro) steckt die ganze Küchenphilosophie von Martin Göttlinger – „saisonal, regional, international inspiriert". So wird das Ratatouille heute von Pfifferlingen dominiert. „Steinpilze wachsen grade nicht", erklärt die nette Bedienung. Das Eis zum Nachtisch ist selbstgemacht (Kugel: 1,80 Euro). Mein Tipp: Thymian-Limette probieren! Und da war dann noch die Kapuzinerkressenblüte, die den Red Snapper krönte. „Können Sie alles essen", hat die Bedienung gesagt. Die Blumen wachsen übrigens „im Garten der Schwester vom Koch". So klein ist die Welt der großen Küche.

RESTAURANT GÖTTLINGER
Hauptstraße 10
93494 Waffenbrunn
Telefon: (09971) 2594
www.restaurant-goettlinger.de

ÖFFNUNGSZEITEN
Mo, Mi, Do, Fr, Sa und So: ab 18.00 Uhr
Di Ruhetag

BESONDERHEITEN
Werktags wechselnde Mittagsgerichte (5,80 Euro)
Terrasse

Foto: Benjamin Franz

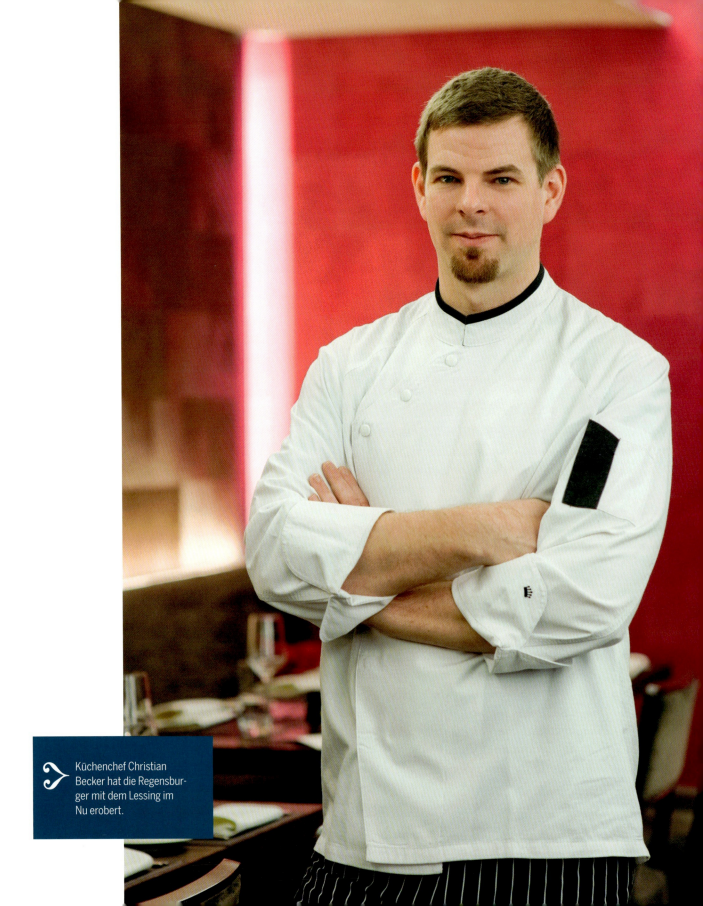

Küchenchef Christian Becker hat die Regensburger mit dem Lessing im Nu erobert.

Gastrotipp: Restaurant Lessing

Ein Gewinn für die Großstadt

Das Restaurant Lessing hat in Regensburg noch gefehlt. Gourmets kommen hier auf ihre Kosten – und zwar zu angemessenen Preisen.

VON JOSEF PÖLLMANN, MZ, ERSCHIENEN AM 09.10.2010

Brauchen Sie einen Geheimtipp für Regensburg? Dann gehen Sie ins Lessing. Wunderbare Speisen, hervorragende Weine, aufmerksamer und freundlicher Service. All das findet man hier.

Ob der Dichter Gotthold Ephraim Lessing der Namensgeber für die Lokalität war, haben wir nicht herausgefunden. Der Poet, dessen Leibspeise angeblich Linsen waren, hätte im Lessing sicher neue Vorlieben entdeckt. Und anschließend wahrscheinlich Texte über seine lukullischen Erlebnisse geschrieben.

Die Lage des Lessing ist zentral. Wer nicht zu Fuß in der Stadt unterwegs ist, kann direkt ins Parkhaus Dachauplatz fahren. Als wir das Restaurant betreten, sind wir eingenommen vom lang gestreckten Innenraum, der sehr minimalistisch ist, aber echtes Großstadtflair ausstrahlt. An diesem Abend ist das Lessing gut gefüllt, doch der Service hat trotzdem alles im Griff. Aufmerksam werden die Gäste betreut.

Das Gute an der Speisekarte: Sie ist übersichtlich und dennoch mit viel Köstlichem gespickt. Zur Vorspeise wählen wir Ziegenfrischkäsetörtchen. Der Geschmack des Auberginenkaviars wird von einer Orangenvinaigrette wunderbar umgarnt. Auch der Salat von Avocados und Flusskrebsen mit Rucola ist ein gelungener Einstieg in den Abend. Ins Schwärmen kommen wir bei der Hauptspeise. Das Kalbsfilet, auf eine rote Zwiebelcreme gebettet, gewinnt durch einen kräftigen Portweinjus. Dazu gibt es Bohnen-Mangoldgemüse. Das Parmesanrisotto meiner Begleiterin ist cremig, der Reis bissfest. Man glaubt, ein bisschen Italien zu schmecken.

Die Nachspeisen sind ein Gedicht: Das Apfel-Calvados-Süppchen ist nicht zu süß. Gut, denn so überdeckt es nicht den Geschmack des Mohnparfaits. Und der Schokofondant, der mit Grand-Marnier-Eis serviert wird, zergeht auf der Zunge.

Am Ende steht für uns fest: So ein Lokal hat in Regensburg gefehlt. Hochwertige Küche mit gutem Preis-Leistungs-Verhältnis. Wir kommen wieder.

RESTAURANT LESSING
D.-Martin-Luther-Straße 14
93047 Regensburg
Telefon: (0941) 59 002

ÖFFNUNGSZEITEN
Mo bis Fr: 11.30 – 14.00 Uhr
und 17.30 – 01.00 Uhr
Sa und feiertags: 17.30 – 1.00 Uhr
So geschlossen (außer vor Feiertagen und auf Anfrage)

BESONDERHEITEN
Businesslunch, Degustationsmenüs

Foto: April Santiago

Französische Küche in entspannter Atmosphäre – gekocht wird vom Hausherren Stephane Seddiki noch persönlich.

Gastrotipp: Restaurant Mirabelle

Genießen wie die Franzosen

Ein gelungenes Rendezvous mit der französischen Küche im Regensburger Restaurant Mirabelle

VON LISSI KNIPL-ZÖRKLER, MZ, ERSCHIENEN AM 11.02.2012

Herzliche Gastfreundschaft, Gemütlichkeit, ein feines Gespür für Ambiente und Details – das ist unser erster Eindruck, als wir an unserem Tisch Platz nehmen. Wir haben heute ein Rendezvous mit der französischen Küche und stimmen uns mit einem Pernod darauf ein. Die Speisekarte ist übersichtlich, bietet aber für jeden Geschmack etwas. Es lockt eine bunte Palette köstlicher Gerichte, wie ein Duett von Rotbarbe und Garnelen, gebratene Barbarieentenbrust oder Bœuf bourguignon. Während wir auf unsere Vorspeise warten, wecken duftende, ansprechend arrangierte Gerichte, die am Nebentisch serviert werden, unseren Appetit.

Die marinierte Avocado mit Garnelen an Mangostreifen und Pfefferschoten fällt für eine Vorspeise sehr großzügig aus. Das freut mich, denn es schmeckt exzellent. Erstaunlich viele Garnelen vorbildlich gebraten – außen braun und innen glasig und sind dekorativ um den fruchtigen Avocadosalat drapiert. Beim gebackenen Ziegenkäse auf Salatbouquet fällt die Tomatenvinaigrette nach unserem Empfinden ein wenig säuerlich aus. Das ist schade, weil die knusprige Panade darunter leidet. Dafür haben die kleinen Kirschtomaten für die Winterzeit einen extrem intensiven Geschmack. Überhaupt sind wir ganz begeistert von den Nuancen der einzelnen Gerichte. Die Perlhuhnbrust auf sämiger Himbeeressig-Buttersoße ist mit Bauchspeck gefüllt. Das verleiht dem Gericht ein besonders herzhaftes Aroma. Ganz wunderbar passt hierzu das Selleriepüree, das dezent mit Zitrone verfeinert wurde. Die gebratene Rinderhüfte befriedigt die Lust meines Begleiters auf Fleisch voll und ganz. Knackiges Gemüse, feines Kartoffelgratin und eine würzige Rotwein-Pfeffer-Soße lassen keine Wünsche offen.

Das Beste kommt zum Schluss: französische Desserts wie Waldbeeren-Crème brûlée, Crêpe Suzette und Schokoladenmousse.

Die Spezialität des Hauses ist ein Moelleux au chocolat – lauwarmes Schokoladensoufflé. Das wird in der Küche für jeden Gast à la minute zubereitet und die längere Wartezeit (steht in der Karte) lohnt. Das noch warme Küchlein hat einen flüssigen Kern und bringt zartestes Vanilleeis zum Schmelzen. Tja, die Franzosen wissen eben zu genießen!

RESTAURANT MIRABELLE
Drei-Mohren-Straße 11
93047 Regensburg
Telefon: (0941) 59 56 550
www.mirabelle-regensburg.de

ÖFFNUNGSZEITEN
Mo bis Sa: 18.00 – 24.00 Uhr
So: 11.00 – 15.00 Uhr
und an den vier Adventssonntagen:
abends 18.00 – 24.00 Uhr

BESONDERHEITEN
Sonntagmittag gutbürgerliche französische Küche

Foto: Gabi Schönberger

Ober Peter serviert im Restaurant Orphée Coq au vin, ein in Rotwein geschmortes Huhn.

Gastrotipp: Restaurant Orphée

Ein Abstecher nach Frankreich

Seit Jahren hat sich die Speisekarte im Orphée kaum verändert. Mit gutem Grund. Denn was das Restaurant am besten kann, sind die feinen Klassiker.

VON PETER PASSIAN, MZ, ERSCHIENEN AM 19.09.2015

Als ich vor mittlerweile nun schon vielen Jahren nach Regensburg zog, galt mein erster Restaurantbesuch dem Orphée. Es hat damals einen derart guten Eindruck hinterlassen, dass wir seither ganz oft dort gegessen haben. Das Restaurant gibt es seit 1977 und hat in dieser Zeit trotz Um- und Anbau Aussehen und Charme bewahrt: Das Orphée blieb seinem klassischen Stil treu. Das Gleiche gilt für die Speisekarte, die sich über die Jahre nur leicht verändert hat und an den bewährten Klassikern festhält. Genau das zeichnet das Orphée aus.

Wie immer ist das Lokal auch diesmal gut besucht und wir bringen einen stattlichen Appetit mit: „faim solide", wie der Franzose sagen würde.

Zur Vorspeise bestellen wir Quiche Lorraine, Lachstatar, Thunfischmousse und Paté de Campagne sowie eine hausgemachte Leberpastete. Dazu gibt es knuspriges Baguette. Das Thunfischmousse ist sehr cremig, das Lachstatar in feine Stückchen geschnitten und beides geschmacklich fein abgerundet. Die Leberpastete schmeckt pikant und der Speckkuchen genau so, wie er sein soll.

Die erste Runde hat uns Lust auf mehr gemacht und so freuen wir uns auf Coq au vin, Lendensteak mit Rotwein-Schalotten-Sauce und Kartoffelgratin sowie korsischen Schafskäse mit Olivenöl und Kräutern. Coq au vin ist der französische Schmorklassiker schlechthin. Das Hähnchenfleisch ist so zart gegart, dass es wie von selbst vom Knochen fällt und die Sauce mit Speck, Champignons, Schalotten und Rotwein ist schmackhaft eingekocht.

Von bester Qualität ist auch das Lendensteak und genau nach unserem Gusto gebraten. Der gebratene Schafskäse, serviert mit knackigem Salat, ist ein weiterer Klassiker und zudem einer der besten, den ich kenne.

Den Abend lassen wir mit süßer Verführung ausklingen. Wir teilen uns eine Crêpe mit Zimt und Zucker und eine Tarte à l'orange mit Crème Chantilly. Die Crêpe: so einfach, so gut! Das Orphée, das anstatt in der Unteren Bachgasse auch in einer Pariser Seitengasse beheimatet sein könnte, ist übrigens auch ein guter Tipp für ein schönes Frühstück.

RESTAURANT ORPHÉE
Untere Bachgasse 8
93047 Regensburg
Telefon: (0941) 52 977
www.hotel-orphee.de/restaurant

ÖFFNUNGSZEITEN
Mo bis So: 8.00 – 1.00 Uhr

BESONDERHEITEN
Der mit kecker Kunst und französischem Charme gestaltete Innenhof erweitert das Lokal an warmen Tagen. Das Hotel lockt mit individuellen Zimmern Übernachtungsgäste an.

Foto: Tino Lex

Michael Laus und Christine Heß im SoulFood: Seit fast genau einem Jahr serviert das Paar in Auerbach Essen für die Seele.

Gastrotipp: SoulFood

SoulFood – eine kleine Reise wert

Michael Laus und Christine Heß bieten im Nordzipfel der Oberpfalz echtes Seelenfutter – feine Gerichte zum kleinen Preis.

VON MARIANNE SPERB, MZ, ERSCHIENEN AM 06.04.2013

Manche Perle liegt etwas versteckt. Das SoulFood in Auerbach, weit im Norden der Oberpfalz, ist so eine – und unbedingt eine kleine Reise wert.

Das Lokal, in netter Lage am Markt, ist betont schlicht eingerichtet: Weiß gedeckte Tische kontrastieren mit schwarz bezogenen Hochlehnern, einziger Schmuck sind eine avantgardistische Lampe und ein hinterleuchtetes Wandbild, das als Motiv zeigt, worum es geht: um feines Essen. Christine Heß und Michael Laus bieten hier seit fast genau einem Jahr Seelenfutter oder auch: Essen mit Seele. Der Service ist nicht nur aufmerksam, sondern auch humorvoll, die Weinkarte bietet schöne Entdeckungen, die Käse (vom Affineur Waltmann, Erlangen) verdienen Extrapunkte.

Der Gault-Millau listet das SoulFood mit 15 Punkten, der Reiseführer Gusto 2013 schwärmt und der MZ-Test vor Ort belegt: Das Konzept – „Spitzengastronomie zum kleinen Preis" – geht auf. Die Karte ist übersichtlich, die Qualität durchgehend hoch und Genießer finden hier köstliche Überraschungen. Das fängt beim Aperitif an, bei Raritäten wie Pflaumen-Secco oder hausgemachter Limonade und hört bei den Vorspeisen – etwa glasierten Zanderbäckchen und einer perfekten Erbsenschaumsuppe mit Eisbein und Walnüssen – längst nicht auf.

Die Black-Tiger-Garnelen kommen in knackiger Hülle, mit milder Wasabi-Mayonnaise und Kirschtomaten, die wie kleine rote Aromabomben im Mund explodieren. Das sanft gegarte Lachsfilet auf einem Bett aus Gurke und Crème fraîche ist kulinarischer Minimalismus in Bestform. Und über die hausgemachten Tagliatelle hobelt der Chef am Tisch so unbefangen-großzügig einen Trüffel, als wäre es eine Kartoffel – und nicht ein Bianchetti für rund 70 Euro pro 100 Gramm.

Mein Favorit war – neben der herzhaft-zarten geschmorten Lammhaxe – der Teller mit Zweierlei vom Stubenküken. Das Geflügel, erst mariniert, dann gebraten, kam innen saftig und außen in einen leichten Mantel aus Bröseln von japanischem Brot gehüllt. Begleiter waren grüner Spargel, Karotten und eine Maiscreme von so intensivem Aroma, dass ich jede Gabel davon lange im Mund auskostete.

RESTAURANT SOULFOOD
Unterer Markt 35
91275 Auerbach in der Oberpfalz
Telefon: (09643) 20 52 225
www.restaurant-soulfood.com

ÖFFNUNGSZEITEN
Mi bis So: 12.00 – 14.00 Uhr
und 17.30 – 22.00 Uhr, Mo und Di Ruhetag

BESONDERHEITEN
im Sommer Freisitze, schöne Weinkarte, feine Käseauswahl

Foto: Gabi Schönberger

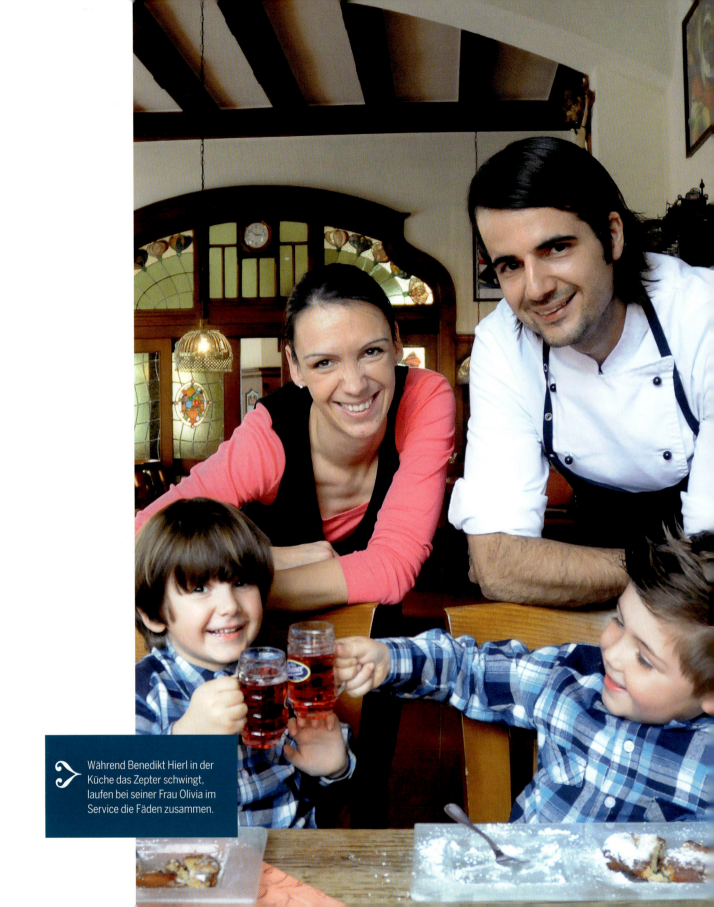

Während Benedikt Hierl in der Küche das Zepter schwingt, laufen bei seiner Frau Olivia im Service die Fäden zusammen.

Gastrotipp: Rhaner Bräustüberl

Drei Stunden Genuss pur

Wer das Rhaner Bräustüberl in Cham besucht hat, der wird begeistert wiederkommen.

VON FRANK BETTHAUSEN, MZ, ERSCHIENEN AM 06.06.2015

Wer hier isst, sollte Zeit mitbringen. Zeit zum Genießen, Zeit für bayerische Wirtshauskultur. Drei Stunden verbringen wir im Rhaner Bräustüberl – und merken nicht, wie die Minuten verfliegen. Wer in dem 1904 errichteten Jugendstilgebäude in Cham einkehrt, dem wird bewusst, worum es bei regionaler Küche geht und was gutes Essen wirklich bedeutet.

Seit Langem schätzen wir die Kochkünste von Benedikt Hierl (33), der das Rhaner Bräustüberl mit seiner Frau Olivia (36) seit 2009 betreibt. Der Küchenchef setzt nicht nur auf Lieferanten, die alle „um die Ecke" arbeiten. Er hat auch ein Händchen, wenn es darum geht, einerseits Neues zu wagen, andererseits die traditionelle Oberpfälzer Küche am Leben zu erhalten. Und so starten wir in den Genussmittag. Als Vorspeise gibt es gebackene Röllchen mit Ziegenkäsefüllung, Frühlingssalat und Rhabarberkompott. Meine Begleiterin entscheidet sich für den Frühlingssalat mit Radieserl, Kirschtomaten, Frühlingslauch und Speckchips sowie Brezen-Croûtons. Perfekt! Was uns begeistert: der dezente Rosinen- und Haferflockengeschmack. Benedikt Hierl garniert seine Salate gerne mit Müsli.

Bei den Hauptgerichten sagen wenige Sätze alles. Meine Frau kostet die geschmorte Bauchrippe vom Jungbullen mit Frühlingsgemüse in Rotweinsoße und Kartoffelpüree. „Ein Traum", sagt sie. „Das ist sagenhafte Qualität." Mir geht es nicht anders. Olivia Hierl serviert mir das Filetsteak vom Jungbullen mit Bärlauchkruste auf Bratkartoffeln und Salat. Das Steak ist fantastisch. Unser Felix (4) ist zu Scherzen aufgelegt. „Wie schmeckt Dir der Backfisch?", frage ich. „Nicht gut!", antwortet er. Als ich ihn erschrocken anschaue, sagt er keck: „Ausgetrickst!"

Zum Abschluss teilen wir uns eine Dessertvariation aus Honigparfait, Crème brûlée von der weißen Schokolade, einem Schokoladen-Nougat-Törtchen und Rhabarber-Granité. Als wir die Reste aus den Bechern löffeln, fällt unser Blick auf die Uhr. Wo sind diese drei Stunden geblieben, fragen wir uns – und wissen, dass wir hier nicht zum letzten Mal viel Zeit verbracht haben.

RHANER BRÄUSTÜBERL
Ludwigstraße 5
93413 Cham
Telefon (09971) 7009
www.rhaner-braeustueberl.de

ÖFFNUNGSZEITEN
Mi bis Sa: 11.00 – 14.00 Uhr und 17.30 – 23.00 Uhr
So und Feiertage: 10.00 – 14.00 Uhr und 17.30 – 23.00 Uhr, warme Küche: 11.00 – 13.30 Uhr und 17.30 – 21.00 Uhr, Mo und Di Ruhetag

BESONDERHEITEN
Olivia Hierl spielt seit einiger Zeit Quetsch'n und will die alte Wirtshausmusik wieder aufleben lassen.

Foto: Gabi Schönberger

> Die mediterran gestaltete Terrasse mit dem balkonähnlichen Bereich dient als Freisitz und lädt zum Verweilen ein.

Gastrotipp: Ritterschänke Burg Randeck

Dieses Mahl hätte Ritter besänftigt

Die Ritterschänke Randeck erfreut Gäste mit guter Küche und einem sensationellen Panoramablick.

VON JOSEF PÖLLMANN, MZ, ERSCHIENEN AM 13.12.2014

Der Spaziergang zur Burgruine Randeck lohnt. Herrlich ist von hier oben der Blick über das Altmühltal. So friedlich wie an diesem Sonntag soll es im 14. Jahrhundert auf der Burg allerdings nicht zugegangen sein, erzählt zumindest die Legende. Ein gefürchtetes Raubritternest soll Randeck gewesen sein, wussten die Geschichtsschreiber. Heute bewegt sich die Burg Randeck im ruhigen Fahrwasser. 1975 wurde sie renoviert. Seither ist die Ruine Anziehungspunkt für Touristen aus aller Welt.

Nur wenige Meter vom geschichtsträchtigen Ort entfernt lockt die Ritterschänke, ein von der Wirtsfamilie Sturm in dritter Generation geführter Gasthof, zum Mittagstisch. In der Gaststätte mit schönem Panorama erinnert auf den ersten Blick wenig an die Burg Randeck. Ein paar Wandgemälde zeigen die Ruine. Und: Es gibt Ritteressen. Ab 15 Personen sind die Veranstaltungen buchbar, wie uns die freundliche Bedienung erzählt. Und es gehe gesitteter zu als im Mittelalter: „Gegessen wird mit Besteck. Und es wirft auch keiner die Knochen hinter sich."

Die Ritterschänke bietet ihren Gästen sowohl gutbürgerliche als auch außergewöhnliche Gerichte. Auffällig ist die große Vielfalt auf der Speisekarte. Neben zahlreichen Fleischgerichten gibt es auch Leckeres für Vegetarier. Auf Allergiker nehmen die Wirtsleute bei der Zubereitung der Speisen ebenso Rücksicht.

Nach dem Spaziergang zur Burgruine wird uns bei einer Kürbiscremesuppe, die wenige Minuten nach der Bestellung schon am Tisch steht, schnell warm. Mit Kernöl und Sahne ist sie verfeinert. Schon mal ein gelungener Start. Köstlich – dieses Prädikat bekommen die gemischten Schwammerl, die vom Kräuterrahm umgarnt werden. Dazu gibt es Gemüsepflanzerl und noch zwei kleine Semmelknödel. Diese Hauptspeise ist genauso üppig wie der Zwiebelrostbraten. 300 Gramm Roastbeef mit einem Berg Röstzwiebel und Pommes liegen auf dem Teller. Die Gastgeber machen uns zum Schluss den hausgemachten Apfelstrudel schmackhaft.

Unser Tipp: Unbedingt probieren! Eine Nachspeise, die die Raubritter auf Burg Randeck zumindest kurzfristig zu zuckersüßen Gesellen gemacht hätte.

RITTERSCHÄNKE BURG RANDECK
Randeck 9
93343 Essing-Randeck
Telefon: (09447) 377
www.ritterschaenke-burg-randeck.de

ÖFFNUNGSZEITEN
In den Wintermonaten ist an Wochenenden und Feiertagen geöffnet und nach Absprache. Ab Ostern bis November ist täglich durchgehend geöffnet.

BESONDERHEITEN
In der Nähe ist die Raubritterburg Randeck, die ihren Besuchern eine herrliche Aussicht bietet.

Foto: Ritterschänke Burg Randeck

Urlaubsgefühle erwachen bei Rossini: schöne Kulisse, feines, italienisches Essen, perfekter Service

Gastrotipp: Rossini Pizzeria Ristorante

Unser Italien in Schwandorf

Das Rossini ist der typische „Lieblingsitaliener" um die Ecke – und immer wieder überzeugend gut.

VON LISSI KNIPL-ZÖRKLER, MZ, ERSCHIENEN AM 16.07.2011

Es ist ein lauschiger Sommerabend und wir steuern zielstrebig auf die noch sonnigen Plätze des Restaurants Rossini am Schwandorfer Brunnen zu. Italienisches Flair, entspannte Atmosphäre, leckeres Essen, guter Wein und freundlicher Service – Herz, was willst Du mehr? Hierher würden wir am liebsten täglich kommen.

Die umfangreiche Pizzakarte – alle Variationen kommen aus dem Holzofen, versteht sich – wird ergänzt durch eine große Auswahl an Pastagerichten, Fleisch- und Fischspezialitäten. Und damit nicht genug. Auch bei der Empfehlungskarte, die mit vielversprechenden Angeboten (zum Beispiel Kalbsmedaillon in Marsalasauce, hausgemachte Spaghetti mit Scampi oder Lachs-Spargel-Lasagne) lockt, hat der Gast die Qual der Wahl. Wir vertrauen auf den Vorschlag des freundlichen Kellners und ordern von der Tageskarte. Nett, dass es heute als besondere Aufmerksamkeit des Hauses zu jedem Gericht ein Glas Proseco gibt! Passend dazu wähle ich die Edelvariante „Bruschetta mit Lachs". Mein Begleiter ist von seinem frittierten Ziegenkäse auf Feigensenfsauce ganz begeistert. Als Secondi Piatti entscheiden wir uns für die Fettucini Mare Monte. Statt der Meeresfrüchte und Champignons überzeugen hier Thunfisch und Steinpilze in feinster Weißweinsauce. Ein wahrer Hochgenuss für den Gaumen!

Bei der Hauptspeise, einer gegrillten Dorade, kann der Chef beweisen, dass er frische Qualitätsware eingekauft hat. Die Haut ist knusprig und der Fisch innen trotzdem zart und saftig. Nach mediterraner Art wird die Brasse mit einem leicht fruchtigen Dressing aus Zitronensaft und Olivenöl auf Rucolasalat serviert. Zu meinem perfekt gebratenen Angusrinderfilet werden knackiges Gemüse und Rosmarinkartoffeln gereicht. Die Krönung meines Menüs jedoch ist die vorzügliche Sauce aus reduziertem Balsamico. Als ich zum Pfefferstreuer greife, bringt der pflichtbewusste Ober eine große Pfeffermühle und würzt mit frisch gemahlenen Körnern nach. Sehr aufmerksam!

Zum Abschluss teilen wir uns eine Panna Cotta mit frischen Beeren und wie immer spendiert uns der Chef einen Grappa aufs Haus.

ROSSINI PIZZERIA RISTORANTE
Am Marktplatz 23
92421 Schwandorf
Telefon: (09431) 38 19 766
Telefax: (09431) 38 19 767

ÖFFNUNGSZEITEN:
Mo, Di und Do: 11.00 – 14.00 Uhr
und 17.00 – 23.00 Uhr
warme Küche bis 22.00 Uhr
Fr und Sa: 11.00 – 14.00 Uhr
und 17.00 – 23.00 Uhr,
So und Feiertage: 11.00 – 14.00 Uhr
und 17.00 – 23.00 Uhr
warme Küche bis 22.00 Uhr
Mi Ruhetag

Foto: Rossini Pizzeria Ristorante

Im Schwögler serviert Franziska Weickert raffinierte Schmankerl: Saftschinken von der Entenbrust (li.) und Kalbsfilet mit Kaffeebutter.

Gastrotipp: Schwögler

Ein Streifzug von basic bis spacig

Helmut Schwögler jongliert mit Aromen und Stilen. Ein Besuch bei ihm in Bad Abbach ist ein Erlebnis für den Gaumen.

VON PETER PASSIAN, MZ, ERSCHIENEN AM 23.05.2015

Der Landgasthof Schwögler in Bad Abbach ist eine Top-Adresse, um kulinarische Schmankerl in moderner, aber gemütlicher Atmosphäre zu genießen. Dass Helmut Schwögler sehr experimentierfreudig ist, wissen wir aus früheren Jahren. Der erste Blick in die Karte verrät, das hat sich nicht geändert. So finden wir „basic – wie zu Omas Zeiten", „spacig – nicht anders als woanders, nur einfach anders" und „Mama Afrika – neu interpretiert."

Menüs werden nur ab zwei Personen angeboten – also bestellen wir à la carte und das querbeet. Zum Auftakt gebratene Scampi mit Salat, hausgemachte Ravioli und aufgeschäumte Misosuppe mit schwarzem Heilbutt. Die Pasta ist ein Gedicht und hat eine ausgewogene Balance zwischen dem Gorgonzola und der Birne. Die andere Vorspeise wird in zwei Teilen serviert: Die Suppe kommt im Glas und der Fisch, mit Bircher Müsli paniert, wird mit pikanter Erdnusssauce präsentiert. In Kombination sehr, sehr lecker.

Für die Hauptgänge entscheiden wir uns für Lamm, Kalbsfilet und Kingklip, ein festfleischiger Fisch, der vor den Küsten Südafrikas lebt. Das Lammkarrée mit Bärlauch-Meerrettichkruste zergeht auf der Zunge und die mit Lamm und Garnelen gefüllten Gyoza (japanische Teigtaschen) kombinieren sich sehr gut dazu.

Der Fisch, aromatisiert mit Nussbutter, wird mit einem afrikanischen Eintopf, einem Süßkartoffel-Ananas-Potje, serviert. Das Kalbsfilet in Kaffeebutter konfiert, mit Kokosmilchgrieß, Schwarzwurzeln und einer Honig-Melonen-Vinaigrette ist eine überraschende Kombination, die jedoch sehr gut mundet. Zum Abschluss bestellen wir Erdbeerrosette mit Verbeneneis und geeisten Schokoladenbienenstich mit Pfirsichsalat. Nur die gebackenen Ananas Samosas mit Popcorn-Mais-Eis und Marzipan-Sauerampfersauce fanden wir zu gewagt – sonst alles wunderbar.

Unser Fazit: Helmut Schwögler spielt gerne mit Geschmacksrichtungen und Aromen – ein spannendes und aufregendes Erlebnis für den Gaumen. Die diversen Auszeichnungen unter anderem von Gault-Millau, Feinschmecker und Guide Michelin sind auf jeden Fall verdient.

SCHWÖGLER
Stinkelbrunnstraße 18,
93077 Bad Abbach
Telefon: (09405) 962 300
www.schwoegler.de

ÖFFNUNGSZEITEN
Di bis Sa: 9.00 – 24.00 Uhr, So: 9.00 – 14.00 Uhr
Küchenzeiten: 11.00 – 14.00 Uhr und
17.30 – 21.30 Uhr, Mo Ruhetag

BESONDERHEITEN
Auf der Terrasse genießt man Schwöglers kreative Menüs zum Sonnenuntergang.

Foto: Tino Lex

Klassiker auf den Punkt gebracht, stimmige Kreationen und eine Atmosphäre zum Wohlfühlen sind die Spezialitäten der Silbernen Gans.

Gastrotipp: Silberne Gans

Eine Gans macht ganz glücklich

In der Silbernen Gans am Regensburger Donauufer kann man den Alltag vergessen und einfach nur genießen.

VON ANGELIKA SAUERER, MZ, ERSCHIENEN AM 17.10.2015

Der Genuss beginnt bereits draußen vor der Tür. Auf der grün umwucherten Terrasse brennen Fackeln, durch die Fenster dringt warmes Licht nach draußen, man sieht Gäste anstoßen und adrette Ober in weißem Hemd, schwarzer Fliege und Hosenträgern Wein einschenken. Die Silberne Gans befindet sich am nördlichen Donauufer in der Werftstraße, ganz nah an der Regensburger Altstadt und doch ein Stück weg vom lebhaften Getümmel dort. Vor dem Haus liegen die Ausflugsschiffe vor Anker und auch dieses Detail lässt einen ganz schnell den Alltag vergessen. Die Freundlichkeit des Empfangs sorgt zudem dafür, dass man sich hier sofort wohlfühlt.

Stilvoll modern und dabei gar nicht kühl und nüchtern präsentiert sich die gute Stube des Lokals, in dem Mario Parnitzke am Herd steht und Lucia Parnitzke-Massei das Restaurant führt. An der Eingangstür künden diverse Auszeichnungen davon, dass die Silberne Gans auch schon den Testern renommierter Restaurantführer positiv aufgefallen ist. Regensburger Gourmets wundert das gar nicht, denn die Gans hält seit Jahren nicht nur ihre hohe Qualität, sondern traut sich auch was: Neben Klassikern setzt Parnitzke immer wieder aufregende und dabei stimmige Kreationen auf seine häufig wechselnde Karte.

Der Abend beginnt mit einem kleinen Paukenschlag auf der Zunge: Als Amuse Gueule kommt ein Klecks geeiste Gänseleber auf Zitronatgelee. Der Reigen geht weiter mit zart gebratenen Steinpilzen neben Rahmspinat, Endivien und Limettenjoghurt. Ganz ehrlich, wir haben unsere Lieblingsschwammerl noch nie mit so intensivem Aroma genossen. Ob die Croustillion vom Hendl zur Roten Bete, die Ravioli oder die würzige Feldsalat-Suppe – jeder Teller für sich ist ein Gedicht. Die Hauptgerichte – Schnitzel, Steak und Kaninchenbraten – stehen dem in nichts nach.

Eine kleine Beilage verdient Extralob: Die Polenta, oft eine zähe Pampe, gelingt in der Gans überraschend zart und cremig. Den Schlusspunkt setzt das Dessert mit der Ovomaltinecreme – ein paar Löffel Kindheit zum glücklichen Ende. Und dann gibt es auch noch selbst gemachte Schoko-Crossies ...

SILBERNE GANS
Werftstraße 3
93059 Regensburg
Telefon: (0941) 28 05 598
www.silbernegans.de

ÖFFNUNGSZEITEN
Mi bis So: 12.00 – 14.00 und 18.00 – 24.00 Uhr
ab 10 Personen auf Anfrage auch an anderen Tagen

BESONDERHEITEN
Im Sommer lockt die schöne Terrasse vor dem über 300 Jahre alten, sanierten Altbau zum Verweilen.

Foto: Tino Lex

Schlemmen mit Ausblick: Küchenchef Anton Schmaus und Serviceleiterin Michaela Kraus bitten hoch über Regensburg zu Tisch.

Gastrotipp: Storstad

Platz nehmen in der Storstad

Anton Schmaus findet, „Großstadt ist, was man draus macht".
Er selbst macht das Beste draus.

VON PETER PASSIAN, MZ, ERSCHIENEN AM 18.10.2014

Kann Anton Schmaus toppen, was er – mit einem Stern ausgezeichnet – bereits im Historischen Eck geboten hat? Wir sind unglaublich gespannt.

Mit dem Storstad (schwedisch: Großstadt) ist im Goliath-Haus im offenen und hellen skandinavischen Design ein sehr urbanes Konzept eingezogen. Restaurant, Bar und Lounge bieten für jede Art von Hunger, Lust und Laune das Passende. Keiner der Bereiche hat einen Dresscode. Von Anzug mit Krawatte und dem kleinen Schwarzen bis hin zu Jeans sehen wir alles. Das Restaurant im 5. Stock der mittelalterlichen Burg bietet mit der großen Glasfront einen atemberaubenden Blick auf die Domtürme. Von der Barterrasse auf der anderen Seite schaut man aufs Brücktor und die Steinerne Brücke. „Großstadt findet in den Köpfen statt", meint Anton Schmaus. Und hier ist ihre Bühne.

Auf seiner Speisekarte verbindet sich die Moderne mit dem Zeitlosen, die Ferne mit der Nähe. Wir wählen einmal à la carte und einmal Fünf-Gänge-Menü. Nach feinen Grüßen aus der Küche geht es los: Lachs mit Passionsfruchtsorbet, Gurke, Tomate und einer Vinaigrette mit einem Hauch von Koriander – toll, mit welcher Leichtigkeit Schmaus mit Aromen jongliert. Das Stubenküken (mit Fenchel, Aprikose, Tandori und Apfel) kommt auf zweierlei Art zubereitet: die Brust in Aprikosensaft konfiert und die Keule in Tempurateig kross gebraten. Schlicht und fein der St. Petersfisch auf Kokosricotta, Curryschaum mit Dillöl und Melonen. Das Kalbsfilet mit Olivenpüree, Miniauberginen und Pistazien ist ein zarter Traum. Zu guter Letzt Schokoladenkrapfen, Kokoscreme, Brombeersorbet und schwarze Walnüsse. Nicht minder gelungen die Auswahl von der Karte: Burrata mit Thunfisch, Zweierlei von der Feige und Sardelle sowie Iberico-Schwein als zarter Braten mit Polenta, Pfirsich und roter Zwiebel – das beste Iberico, das wir je gegessen haben. Die Weinbegleitung bescherte mir fünf Volltreffer im Glas, charmant und anekdotenreich serviert vom kompetenten Sommelier.

Zurück zur Frage vom Anfang: Definitiv getoppt. Und wenn es nach uns ginge, hätte Herr Schmaus seinen Stern auch schon wieder.

STORSTAD
Watmarkt 5
93047 Regensburg
Telefon: (0941) 59 993 000
www.storstad.de

ÖFFNUNGSZEITEN
Di bis Sa: Lunch 12.00 – 14.00 Uhr
Dinner 18.00 – 22.00 Uhr
Bar 12.00 – 1.00 Uhr

BESONDERHEITEN
Phänomenale Ausblicke auf den Dom und auf das Brücktor

Foto: Gabi Schönberger

Tiziano kann auch Pasta und Pizza, Fleisch und Dolci – aber seine Fischplatte für zwei Personen ist einfach spitze.

Gastrotipp: Tiziano Ristorante-Bar

Ein kulinarischer Ausflug ans Meer

Im Tiziano stehen leckere Fischspezialitäten auf der Speisekarte – ein Genuss wie in Südeuropa.

VON DOMINIK SCHLEIDGEN, MZ, ERSCHIENEN AM 12.01.2013

Vielleicht liegt es an dem warmen Licht, das aus den modern gedämpften Kronleuchtern scheint. Vielleicht auch an den Weinflaschen, die einladend aufgereiht in dem deckenhohen Wandregal stehen. Schon beim Betreten des Tiziano im Herzen der Regensburger Altstadt vergisst man die Welt um einen herum – und fühlt sich entspannt, wie im Urlaub am Mittelmeer.

Klar, dass bei so viel südeuropäischem Flair Fisch auf den Tisch kommt. Als Vorspeise also zuerst eine kräftige Fischsuppe. Mit ihren aromatischen Gewürzen macht sie Lust auf mehr. Dazu gibt es weiches Ciabatta mit fruchtigem Olivenöl. Und die Garnierung mit der Muschelschale lässt einen endgültig vergessen, dass draußen winterliches Schmuddelwetter wartet – und kein blaues Meer. Wer es lieber etwas leichter mag, entscheidet sich für das Thunfisch-Carpaccio. Nach dem hauchdünn geschnittenen Fisch, verfeinert mit zarten Gewürzen und dem sanften Geschmack von frischem Salbei und Basilikum, ist der Gaumen perfekt eingestimmt für den Hauptgang.

Auch bei der Hauptspeise entscheiden wir uns fürs Meer. Die Seezunge ist etwas für Freunde herzhafter Küche. Der würzig-pikante Fisch ist die passende Ergänzung zu dem milden Thunfisch-Carpaccio und bringt die willkommene Abwechslung in das Menü. Das butterweiche Fleisch lässt sich problemlos filetieren und zergeht förmlich auf der Zunge. Gräten bleiben praktisch keine übrig. Wer lieber auf Nummer sicher gehen will und sich einen komplett grätenfreien Fisch wünscht, ist mit dem gegrillten Seeteufel bestens beraten. Die Haut ist leicht knusprig und setzt mit dem dezent rauchigen Nachgeschmack eine besondere Note. Zu beiden Gerichten gibt es frisches, knackiges Grillgemüse. Dezent gewürzt fügt es sich nahtlos in das Gericht ein, ohne mit dem Fisch zu konkurrieren.

Den krönenden Abschluss setzt schließlich die Panna Cotta mit Himbeeren. Der Höhepunkt der locker-leichten Nachspeise ist die Garnitur mit frischen Früchten und die ganzen Fruchtstücke in der Sauce. Jetzt fehlt nur noch ein heißer Cappuccino mit zartem, fluffigen Milchschaum oder ein kräftiger Espresso – dann geht es zurück in die Wirklichkeit, weit ab vom Meer. Leider.

TIZIANO RISTORANTE-BAR
Drei-Mohren-Straße 5
93047 Regensburg
Telefon: (0941) 563 980
www.tiziano-regensburg.de

ÖFFNUNGSZEITEN
Mo bis Sa: 11.30 – 14.30 Uhr und 18.00 – 23.00 Uhr
So: 11.30 – 14.30 Uhr und 17.30 – 23.00 Uhr

BESONDERHEITEN
Wechselnde Tagesgerichte, Mittagsmenü, Fleischgerichte, Pizza und Pasta; Freisitze im Sommer

Foto: Tino Lex

> Freundlicher Service, Antipasti, Insalate, Pizza, Pasta, und noch vieles mehr erwartet den Gast bei Fernando.

Gastrotipp: Trattoria da Fernando

Spaghetti wie in Süditalien

Mittagessen beim Pionier der italienischen Küche in Regensburg

VON MONIKA VON JADUCZYNSKI, MZ, ERSCHIENEN AM 27.06.2009

Fernando D'Amore, bei diesem Namen leuchten nicht nur die Augen der Fußballfans, auch Pizza- und Pasta-Freunde werden sich noch an den Pionier der italienischen Küche in Regensburg erinnern, der einst mit seiner Trattoria in der Spiegelgasse feste Anlaufstelle für sämtliche Stars und Sternchen des deutschen und italienischen Fußballs war. Eben dieser Fernando begrüßt uns zu einem Mittagessen auf der Terrasse seines neuen Lokals in der Furtmayrstraße. Beschauliche Ruhe darf man sich an dieser Verkehrsschlagader zwar nicht erwarten, aber der schnelle und freundliche Service macht es wett.

Am besten ist es, wenn man sich die Empfehlung des Küchenchefs holt. Wir halten uns bei der Vorspeise an die Salat-Auswahl. Der knackige Rucolasalat mit gehobeltem Parmiggiano und Kirschtomaten ist im Sommer genau das Richtige zum Einstieg, und wir sind ebenso zufrieden wie mit dem bunten Insalata Mista, jeweils angemacht mit dem Olivenöl aus Süditalien. Besonders gut passen dazu die kleinen, hausgemachten Ciabatta-Brötchen frisch aus dem Ofen, fast zu verlockend ist es, damit den „großen Hunger" zu stillen. Das sollte man vermeiden, um sich nicht die Pasta entgehen zu lassen. Wir lassen uns dazu den Hauswein Rosso di Puglia aus Fernandos Heimat schmecken, leicht und fruchtig, und genießen unsere Spaghetti Scampi, die mit Tomaten, Kapern und frischen Kräutern ebenso zu empfehlen sind wie die Rigatoni Pugliesi mit Auberginen, Oliven und Mozzarella, auf Wunsch angenehm scharf.

Die Scampi, in Schmetterlingsform zubereitet, lassen sich leicht aus der Schale lösen. Auch die vegetarische Pasta-Variante trägt diese unverkennbare süditalienische Note, die zu Hause nur schwer nachzuahmen ist. Die Pasta-Karte lässt tatsächlich keine Wünsche offen: Fisch, Gemüse oder Pilze und die üppigen Portionen lassen uns auf den obligatorischen Hauptgang mit Fleisch verzichten. Dafür reservieren wir uns einen Extra-Abend, um auch die gut sortierte Weinkarte mit ihren Spezialitäten aus den verschiedensten Regionen Italiens genauer unter die Lupe zu nehmen.

Für dieses Mittagessen ist die Zeit begrenzt, aber dank der aufmerksamen Bedienung kann man sich auch für nur eine Stunde nach Italien versetzen lassen.

TRATTORIA DA FERNANDO
Furtmayerstraße 10
93053 Regensburg
Telefon: (0941) 70 812 066
www.trattoria-da-fernando.de

ÖFFNUNGSZEITEN
So bis Fr: 11.30 – 14.00 Uhr und
17.30 – 23.00 Uhr
Sa: 17.30 – 23.00 Uhr

Foto: Angelika Sauerer

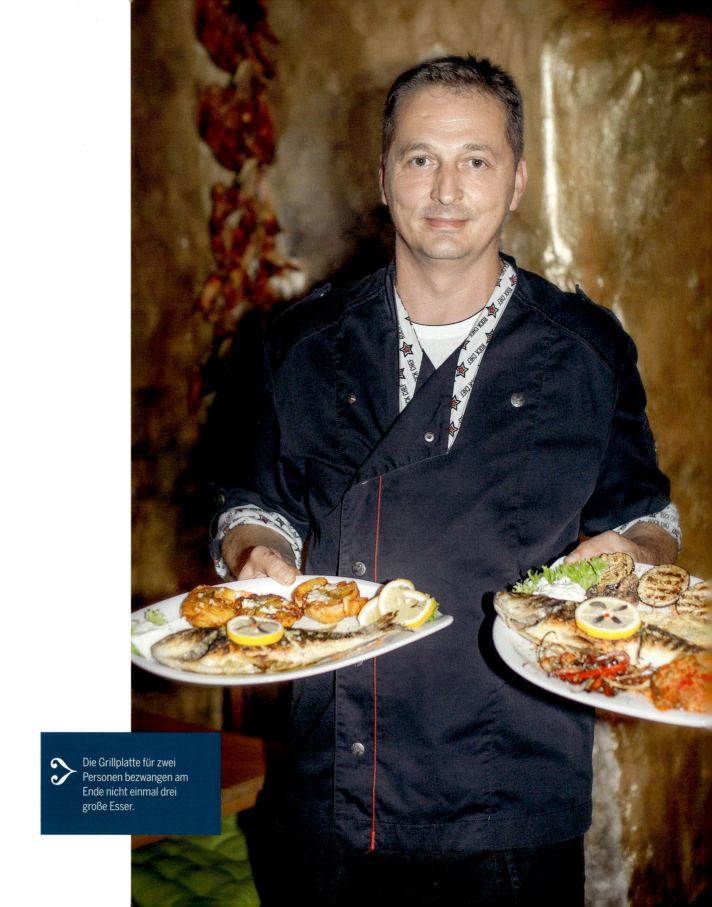

Die Grillplatte für zwei Personen bezwangen am Ende nicht einmal drei große Esser.

Gastrotipp: Turmrestaurant bei Zoran

Fisch und Fleisch vom Balkan

Im urigen Turmrestaurant Bei Zoran kommen Freunde würziger Küche voll auf ihre Kosten.

VON SIMONE GREBLER, MZ, ERSCHIENEN AM 07.12.2013

Hier begrüßt Sie der Chef persönlich – kommen Sie trotzdem! So ironisch wirbt der Serbe Zoran für sein gleichnamiges Restaurant in Abensberg. Denn natürlich ist der charmante Gastwirt überaus beliebt bei seinen Gästen. Wer die Stufen des historischen Stadtturms in der Babonenstadt erklimmt, entdeckt ein gemütliches Kleinod, das sich über zwei Etagen erstreckt. Allerdings: Eine Reservierung ist dringend empfohlen.

Die Karte mit Spezialitäten vom Balkan ist umfangreich, die Auswahl fällt schwer. Als „Mongtratzerl" gönnen wir uns den serbischen Vorspeisenteller mit Schafskäse, Antipasti, eingelegten Paprika, feurigem Käseaufstrich und dazu Carpaccio vom Rind. Das dünne Rindfleisch ist ausgezeichnet gewürzt, die Paprika schmecken aufregend süß-sauer. Das frische Fladenbrot kommt stets dampfend heiß an unseren Tisch. Zoran kocht nicht nur selbst – mit Unterstützung seiner Mutter –, sondern trägt auch persönlich das Essen auf. Als Hauptgang kredenzt er die Grillplatte für zwei Personen. Darauf häufen sich Fleischspieße vom Schwein, makedonisches Hacksteak, Schweinelendchen, Leber und Cevapcici. Dazu reicht der Kroate selbstgemachte Pommes frites und sämigen Djuvec-Reis. Der Reis mit Erbsen und Tomatensauce schmeckt fruchtig und macht Lust auf mehr. Die Cevapcici sind scharf gewürzt – dem Fleisch werden wir auch zu dritt nicht Herr.

Der knackige Krautsalat stellt selbst den Gaumen der jungen Testesser zufrieden. Der Oktopus, umhüllt von Zitronensaft und Kräutern, zergeht auf der Zunge. Ein gerolltes Cordon bleu gefüllt mit Feta und Speck ist die mediterrane Alternative zur bayerischen Variante. Aber auch für Vegetarier hat Zoran einiges im Angebot: Der griechische Salat ist üppig bedeckt mit saftigem Schafskäse, der in einen Teigmantel gehüllt ist.

Zum Dessert gibt es süße Pita-Taschen, wahlweise gefüllt mit Kirsch oder Apfel. Eine Kugel Eis schmiegt sich an das warme Gericht. Geschafft! Wir sind satt und zufrieden – Zoran setzt sich zu uns, auf den Serviertellern balanciert er kleine Schnäpse: Slibowitz (scharf) und Kruškovac (süß) sind nun dringend nötig.

TURMRESTAURANT BEI ZORAN
Weinbergerstraße 17
93326 Abensberg
Telefon: (09443) 929 973

ÖFFNUNGSZEITEN
Mo bis Sa: ab 17.00 Uhr geöffnet
So und Feiertage ab 11.00 – 14.30 Uhr und
ab 17.00 Uhr geöffnet, Di Ruhetag

Besonderheiten
Spanferkelessen nur nach Bestellung oder
ab zehn Personen im Restaurant (egal, welcher
Tag und wann), Lammessen (ab fünf Personen)

Foto: Turmrestaurant bei Zoran

Im Gasthaus Weiherblasch serviert Chefin Christel Kraus feine Gerichte. Der Blick geht ins Grüne hinaus und auf die Fischteiche.

Gastrotipp: Weiherblasch

Elsässer Saibling aus dem Rauch

Beim Weiherblasch in Schönsee kommt frischer Fisch in Bio-Qualität auf den Tisch.

VON CORNELIA LAUTNER, MZ, ERSCHIENEN AM 14.06.2014

Das Plätschern der Fischteiche dringt unüberhörbar durch die großen Fenster beim Weiherblasch, während wir uns gespannt durch die handgeschriebene Speisekarte arbeiten. Dazu nippen wir an einem Sekt mit Rosenlikör und nehmen einen frischen Schluck Zoigl aus dem schwarzen Tonkrug. Die saftig-gelbe Edelfischsuppe mit der leichten Schärfe der Safranfäden und das Zweierlei von Atlantikgarnelen auf Tomaten-Ingwer-Confit und Pfifferlingsterrine mit Wildspargel als Vorspeisen stimmen uns auf einen genussvollen Abend ein. Letzteres wird spontan mit einem Stück geräucherter Forelle serviert – aus der hauseigenen Bio-Aquakultur, die die Inhaber Christel und Johann Kraus in Lindau, einem Ortsteil von Schönsee im Landkreis Schwandorf, mit Leidenschaft und viel Wissen um die sanfte Teichwirtschaft pflegen.

Wer sich vor lauter Leckereien auf der Speisekarte nicht entscheiden kann, wählt in dem urigen Lokal, das 1986 eröffnet hat und sich seit 2004 Bio-Restaurant nennen darf, das Überraschungsmenü mit vier Gängen, das ab zwei Personen serviert wird.

Wir lassen uns die Wahl an diesem lauen Abend jedoch nicht nehmen und entscheiden uns für das Zweierlei vom Elsässer Saibling, heißgeräuchert – natürlich à la minute, wie uns die Chefin erklärt – und pochiert mit Nussbärlauchfüllung und Spinatsoufflé. Eine Entscheidung, die wir bestimmt nicht bereuen werden. Genauso vielversprechend klingen die Medaillons vom Seeteufel im Rosmarin-Weißbrotmantel, angerichtet mit grünem und weißem Spargel – ebenfalls eine Freude für den Gaumen. Das Glas vom Landwein Veltliner Cuvée vom Weingut Alphart in der Thermenregion harmoniert mit dem Seeteufel genau wie der 2012er Riesling vom Weingut Wittmann aus Rheinhessen mit dem Saibling.

Weil es einfach zu gut schmeckt, muss in unseren gutgefüllten Bäuchen noch ein wohlklingender Nachtisch: Hollerblüten im Weinteig mit Rosmarineis, Erdbeeren und Rhabarberragout für die Dame und eine Käseauswahl von Kuh, Schaf und Ziege für den Herrn. Satt und glücklich sind beim Weiherblasch also nicht nur die lebenden Fische, sondern auch die Gäste.

WEIHERBLASCH
Vordere Lindau 2½
92539 Schönsee
Telefon: (09674) 8169

ÖFFNUNGSZEITEN
Do bis Sa: 17.00 – 24.00 Uhr
So: 13.00 – 18.00 Uhr
Weitere Öffnungszeiten nach Vereinbarung

BESONDERHEITEN
Seit 2004 als Bio-Restaurant zertifiziert

Foto: Gabi Schönberger

In der Brauereigaststätte Weisses Brauhaus serviert Bedienung Silvia Schmitz Gästen bayerische Schmankerl.

Gastrotipp: Weisses Brauhaus

Ein genussvoller Besuch am Mittag

Das Weisse Brauhaus bietet regionale
Gaumenfreuden und ein herrliches Ambiente.

VON ELFI BACHMEIER-FAUSTEN, MZ, ERSCHIENEN AM 06.01.2007

So schöne Häuser – mein Gast, eine junge Frau, gerät beim Bummel durch die Kelheimer Altstadt ins Schwärmen. Diese niederbayerische Gegend hatte schon Anziehungskraft auf die Wittelsbacher und auch auf König Ludwig I. ausgeübt, der hier die Befreiungshalle erbauen ließ. Angesichts der Begeisterung meiner Begleiterin für die historischen Gebäude soll sie ein Kleinod kennenlernen. Vom Stadtplatz ist das weithin bekannte Weisse Brauhaus zu sehen und zur Brauereigaststätte Weisses Brauhaus in der Emil-Ott-Straße ist es nicht mehr weit. Beim Anblick des historischen Gaststättenbaues mit Rundturm zieht die junge Frau den Vergleich mit einem Märchenschloss. Im Bräustüberl mit dem historischen Gewölbe fühlen wir uns gleich wohl. Vielseitig ist das Angebot auf der Weisse Brauhaus-Speisekarte.

Es dauert daher etwas, bis die Auswahl getroffen ist: Das Tagesmenü (12,80 Euro) ist die besondere Empfehlung des Hauses. Die Waldpilzcremesuppe mit gehackten Kräutern schmeckt vorzüglich. Als weiteren Gang serviert die freundliche Bedienung Putenragout mit Rahmschwammerln und Nudeln sowie einen gemischten Salat. Einfach köstlich!

Auch meine Begleiterin ist von den Käsespätzle (6,80 Euro) und dem knackigen Blattsalat mit Tomaten äußerst angetan. Wie das Hauptgericht beim Menü ist auch ihre Portion riesig. Obwohl wir bereits mehr als satt sind, genießen wir noch den Nachtisch. Vanilleeis mit heißen Sauerkirschen gibt's beim Menü und meine Begleiterin hat einen Apfelstrudel (4,20 Euro) gewählt, der in vier rautenförmigen Stücken mit Eis und Sahne serviert wird.

Alles wunderschön angerichtet und auch das Gesteck aus frischen Blumen auf dem Tisch erfreut. Ein genussvoller Mittag mit besonderem Ambiente und angenehmen Preisen in der Nähe der Schneider-Weisse-Braustätte der Familienbrauerei G. Schneider & Sohn. Auf der Getränkekarte werden sechs obergärige Biersorten und der Eisbock von Schneider sowie Gerstensaft aus der Karmelitenbrauerei in Straubing angeboten.

Pächter Thomas Wieser legt Wert darauf, dass in der Küche regionale Produkte verarbeitet werden. Auch sei auf der Speisekarte immer ein Familienangebot je Portion zu 5,50 Euro zu finden, so Thomas Wieser.

WEISSES BRAUHAUS
Emil-Ott-Straße 3
93309 Kelheim
Telefon: (09441) 3480
brauhaus-kelheim@t-online.de

ÖFFNUNGSZEITEN
Mo bis So: 10.00 – 24.00 Uhr

BESONDERHEITEN
Kleines Brauhaus mit Betreuung an Wochenenden für Kinder; Kochkurse mit dem Küchenchef

Foto: Elfi Bachmeier-Fausten

> Die Optik rundet die perfekte Ergänzung von Bier und Speisen ab: Sophia Panzer (re.) und Stella Bilger posieren hier vor dem Gasthaus.

Gastrotipp: Winkler Bräu

Das richtige Bier für jedes Pläsier

Beim Winkler in Lengenfeld freuen sich viele erst auf die flüssige und dann auf die feste Nahrung.

VON LOTHAR RÖHRL, MZ, ERSCHIENEN AM 10.08.2013

Der Winkler in Lengenfeld: ein Wirtshaus wie aus dem Bilderbuch. Auf die Wirkung von Bildern setzt der Winkler seit Jahrzehnten. Dabei dominieren zwei Farben: rosskastanien-braun und honig-gelb – halt jene, die einem als Inhalt aus dem Halbe-Liter-Glashumpen beziehungsweise aus 0,4-Liter-Pilstulpen ansprechen. Weniger ist mehr: Genau vier Sorten Bier und das angeblich beste Radler der Welt stehen auf der Getränkekarte beim Winkler. Alles in der eigenen Brauerei hergestellt. Man sollte es frisch gezapft genießen. Das ist hier garantiert.

Inhaber Georg Böhm ist an diesem Abend weniger Tippgeber für das, was seine Küche bietet, als Sommelier – aber nicht für Weine, sondern für Biersorten aus der Hausbrauerei. Das Dunkle ist deren Markenzeichen: Es heißt „Kupfer Spezial". Böhm empfiehlt es gerne zur Abrundung von Hirsch- und Rehgerichten. Denn er ist auch Jagdpächter und serviert, was ihm als Jäger zuvor vor die Flinte gelaufen ist. Das zweitbeliebteste Bierprodukt, das Hefepils, sollte bestellen, wer ein Salat- oder ein Schwammerlgericht bevorzugt. Zu Steaks empfiehlt Georg Böhm ein Export. Und das hausgebraute Helle passe am besten zu Fisch. Und dann wäre halt noch das Kupfer-Radler. Das löscht an warmen Tagen am besten den großen Durst, egal, worauf man Hunger hat.

Der war bei meiner Frau und mir unterschiedlich groß. Traditionell wollte ich als Vorspeise ein Töpferl Geräuchertes mit Bauernweckerl. Dann gab es „Züricher Toast". Von wegen Zürich: Wie vieles beim Winkler kamen auch bei diesem Tageskartengericht alle Zutaten aus einem Umkreis binnen 50 Kilometer. Über frisch gebackenes Schwarzbrot (Martinibrot) aus dem benachbarten Velburg war reichlich saftiges Schweinegeschnetzeltes gestreut und mit Käse überbacken worden. Extrem sättigend.

Meine Frau wollte es leicht: Das mit einem Hauch von Panade überbackene Lachsfilet lugte unter einer optischen Verführung von Gemüsemix hervor, der wohl noch am Tag zuvor im Knoblauchsland gesprossen war. Mit der süßen Winkler-Verführung schlechthin, dem Nougatparfait mit heißem Espresso, gab es das gelungene Finale.

WINKLER BRÄU
St.-Martin-Straße 6
92355 Lengenfeld/Velburg
Telefon: (09182) 170

ÖFFNUNGSZEITEN
Mo bis So: 7.00 – 23.00 Uhr
kleinere Karte am Nachmittag
ab 17.30 Uhr volles Angebot

BESONDERHEITEN
Biere aus eigener Brauerei: Kupfer Spezial (Dunkel), Hefepils, Export, Helles und Kupfer-Radler; Kupfer Spezial und Kupfer Radler jetzt auch alkoholfrei! NEU: Kupfer Bock – im Holzfass gereift!

Foto: Lothar Röhrl

Denis Podhradski (mi.) erkundigt sich bei den Gästen nach deren Wohlbefinden.

Gastrotipp: WIP

Junge Küche mit Liebe zum Detail

Im historischen Zeiningerhaus hat das WIP eine Heimat gefunden.

VON ANDREAS BREY, MZ, ERSCHIENEN AM 03.09.2011

Das Lokal im historischen Zeiningerhaus direkt am Marktplatz wurde von der Stadt vor wenigen Jahren aufwendig renoviert und ist heute ein Schmuckstück – nicht nur von außen. Im Inneren sorgen Dutzende Kerzen für angenehmes Licht. Wir fühlen uns in dem alten Gewölbe sofort wohl. Die Karte ist nicht überladen, bietet aber für jeden Geschmack etwas. Ich entscheide mich für ein Rinderfilet, meine Begleiterin für die Spaghetti mit Kirschtomaten und Rinderfiletspitzen. Beim Aperitif lassen wir uns von der Dame des Hauses überraschen. Der Rosenlikör mit Prosecco ist ein perfekter, fruchtiger Auftakt.

Obwohl in der Karte extra darauf hingewiesen wird, dass es – zu Stoßzeiten – vielleicht etwas länger mit dem Essen dauern könne, weil alle Speisen frisch zubereitet werden, sind wir von der kurzen Wartezeit positiv überrascht. Die Tomatensuppe mit Kräutercroûtons und Basilikumpesto schmeckt mir vorzüglich, meiner Begleiterin ist sie einen Tick zu süß. Sie genießt dafür ihren überbackenen Ziegenweichkäse an Tomatenscheiben, Olivenöl und Salatbouquet. Auch ich darf kosten und muss ihr zustimmen: „Sehr fein".

Die Philosophie des Hauses lautet „Genuss für alle Sinne – mit Liebe zum Detail". Diese Handschrift erkennt man nicht nur beim Service, sondern auch in der Küche. Die Speisen sind sehr schön angerichtet und die Portionen großzügig. Besonders das Rinderfilet – perfekt medium gebraten – mit einem Berg hausgemachter Pommes frites ist etwas für echte Männer. Dazu wird ein selbst gemachter Joghurtdip mit frischen Kräutern gereicht, der einfach nur lecker ist.

Für zwei Desserts ist nach diesem Schmaus definitiv kein Platz mehr, aber ein süßer Abschluss muss sein. Also bitten wir erneut den Herr des Hauses, uns zu überraschen. Denis Podhradski empfiehlt ein Champagner-Parfait mit frischen Früchten. Und auch hier beweist er, dass auf eine erstklassige Küche mit ausgewählten Produkten viel Wert gelegt wird.

Foto: Gabi Schönberger

WIP
Marktplatz 9
93133 Burglengenfeld
Telefon: (09471) 60 50 640
www.wip-burglengenfeld.de

ÖFFNUNGSZEITEN
Di bis Fr: 11.30 – 14.00 Uhr und 17.00 – 23.00 Uhr
Sa: 17.00 – 23.00 Uhr, So: 10.00 – 22.00 Uhr
Mo Ruhetag
gern öffnen wir außerhalb unsere Geschäftszeiten für unsere Gäste – bitte sprechen Sie uns an.

BESONDERHEITEN
Literarische Menüabende mit Sebastian Thoma, außergewöhnliches Ambiente für Hochzeiten, Betriebsfeste und Jubiläen

Im Wohlfühlambiente verwöhnen die Brüder Martin (sitzend) und Josef Koller ihre Gäste mit den Osl-Klassikern und Spezialitäten.

Gastrotipp: Wirtshaus Osl

Gastlichkeit am Marktplatz

Seit 1853 befindet sich das Wirtshaus Osl in Bad Kötzting im Familienbesitz. Jetzt steht die sechste Generation am Herd.

VON LISSI KNIPL-ZÖRKLER, MZ, ERSCHIENEN AM 22.08.2015

Beim Osl, wo sich ein zeitgenössisches Ambiente mit warmem Holz vereint, sitzt man in einer gemütlichen Atmosphäre und genießt hervorragende Speisen.

Die Mittagskarte ist kurz und stimmig gehalten. Es gibt Suppen, Schnitzel, Braten und für Vegetarier Salate und Nudelgerichte. Wir wählen eine Pfifferlingrahm- und eine Thai-Curry-Suppe. Das Asia-Süppchen wird hübsch serviert: Neben einem gusseisernen Pfännchen liegen auf einer Schiefertafel die gebratenen Würfel von der Anguslende an einem Dip. Für die Optik gibt es schon mal einen Extrapunkt. Aber auch der Geschmack steht dem Arrangement in nichts nach. Die feine Schärfe kombiniert mit dem fruchtigen Limettendip und den zarten Fleischwürfeln sind genau nach meinem Gusto. Mein Begleiter freut sich über die vielen frischen Pfifferlinge und erwähnt das extra bei der freundlichen Bedienung.

Wir sitzen entspannt unter schattigen Bäumen mit Blick zum Marktplatz und stöbern ein wenig in der Abendkarte. Mmm, hier locken die Osl-Klassiker (Sauerbraten vom Angus, diverse Steaks und Fisch) mit wechselnden Menüs und saisonalen Empfehlungen. Die Angusrinder kommen übrigens vom eigenen Bergbauernhof in Neurittsteig gleich hier in der Gegend. Weil sie aus vollbiologischer Aufzucht stammen, bietet das Gasthaus Osl eine hervorragende Fleischqualität.

Mein wunderbar saftiges, auf den Punkt gebratenes Rumpsteak von der Anguslende ist der Beweis. Die locker-leichte Kräuterbutterkruste fasziniert mich. Bei jedem Bissen entwickelt sie mehr Aroma. Natürlich ist sie nach einem streng geheimen Familienrezept angefertigt, ebenso die Saucen und Dips. Zu Recht ist der Chef stolz auf seine Eigenkreationen. Eine bodenständige Portion Ochsenbraten mit Knödel kommt auf den Tisch. Das Fleisch ist mager und butterweich. Auch hier macht eine feine, leichte Sauce (ohne Zusatzstoffe!) den Sonntagsbraten aus. Dreierlei vom hausgemachten Eis und Sorbet krönen unseren Mittagstisch. Fazit: Das Gasthaus Osl ist unbedingt einen kleinen Ausflug wert! Wir wollen uns das nächste Mal am Abend bei einem Drei-Gänge-Menü verwöhnen lassen.

WIRTSHAUS OSL
Marktstraße 32
93444 Bad Kötzting
Telefon: (09941) 1045
www.wirtshaus-osl.de

ÖFFNUNGSZEITEN
Do bis Mo: ab 10.00 Uhr, Küche von 11.00 – 14.00 Uhr und 18.00 – 21.30 Uhr; Di und Mi Ruhetag

BESONDERHEITEN
Abends gibt es wechselnde 3-Gänge-Menüs vom Angusrind.

Foto: Gabi Schönberger

50 Rezepte

In der Küche schlägt das Herz eines Haushalts. Hier trifft sich die Familie, hier endet jede Party, hier wird gemeinsam gekocht und gegessen. Sie ist Lebenszentrum und Rückzugsort vom Alltagsstress zugleich. Die folgenden 50 Rezepte der Hobby-Köche aus der MZ-Redaktion laden dazu ein, sich eine Auszeit zum Schnippeln, Braten, Hacken, Würzen, Kneten und Backen zu nehmen.

Inhalt – Rezepte

VORSPEISEN

Asiatischer Salat mit Thunfisch	109
Bunter Salat	111
Ceviche	113
Grüner Spargel	115
Kürbissalat	117
Mexikanische Meeresfrüchtepfanne	119

HAUPTSPEISEN

Auberginenrollen mit Mandelmus	121
Balsamico-Sauerbraten	123
Bandnudeln mit Hackfleisch-Fetasauce	125
Jäger-Bigos	127
Chicken-Teriyaki-Salat mit Honig	129
Couscous	131
Hähnchencurry mit Joghurt	133
Wolfsbarsch auf Parmesanschaum	135
Eintopf	137
Erdbeer-Risotto	139
Farfalle mit Rehwildbret	141
Fisch mit Spargel und Reis	143
Fischfiletterrine	145
Flammkuchen	147
Forelle	149
Hähnchen mit Rosmarinkirschen	151
Heiße Schoten – Gefüllte Paprika	153
Italienische Rouladen – Involtini	155
Kalbsfilet in Speck gehüllt	157
Kalbsleber mit Mangold	159
Kohlrabi-Lasagne	161
Krautstrudel	163
Muscheln	165
Rindermedaillons mit Pfifferlingen	167
Risotto mit Bratwürsten, Zucchini und Ziegenfrischkäse	169
Ofen-Schnitzel	171
Rahmschwammerl mit Semmelknödeln	173
Spaghetti mit Kürbis und Minze	175
Spareribs	177
Hausgemachte Sulz	179
Tafelspitz	181
T-Bone-Steak	183

NACHSPEISEN

Apfel-Sahne-Torte	185
Bellini-Torte	187
Buttermilch-Kokoskuchen	189
Crema Catalana	191
Bratapfelkuchen	193
Gewürzschnitten	195
Kuchen im Glas	197
Reispflaumenkuchen	199
Maracuja-Torte	201
Mohnkuchen	203
Rhabarber-Mousse-Torte	205
Zitronentorte	207

Fotos: Inge Passian

WAS MAN BRAUCHT (für 4 Portionen)

Für den Fisch:
- 500 g frischen, rohen Thunfisch
- Olivenöl

Für die Koriandersauce:
- 6 EL gehackte Korianderblätter
- 3 EL Yuzu-Saft (Ersatz: Limettensaft)
- 2 EL Mirin (süßer Reiswein)
- 1 TL Wasabipaste (maximal einen gestrichenen TL)
- ½ TL Knoblauchpaste
- 2 EL Rapsöl
- 4 EL Traubenkernöl
- Salz

Für das Salatdressing:
- 1 kleine Zwiebel
- 10 g Butter
- 6 EL Sojasauce
- 3-4 EL Reisessig
- 1 Prise Zucker
- 2 EL dunkles Sesamöl
- 4-6 EL Traubenkernöl

Für die Garnitur:
- Salatmischung aus Rote-Bete-Blättern, Rucola, Feldsalat, Mangold, grünen Salat
- 5-6 Radieschen
- 1 Karotte
- Fleur de Sel

Asiatischer Salat mit Thunfisch

Zitrusfrisch, wasabischarf und koriandergrün umgibt die Sauce den kurz gebratenen Thunfisch. Dazu ein knackiger Salat mit asiatischem Aroma

VON PETER PASSIAN, MZ

Wenn die Jeans kneift, hilft nur eins: Weniger ist mehr. Man kann ganz locker auf ein paar Kalorien verzichten, solange der Geschmack umso intensiver und vollmundiger ist – wie zum Beispiel bei diesem Thunfisch mit Koriandersauce umrahmt von knackigen Salatblättern und einem asiatischen Dressing.

Für die Koriandersauce die Korianderblätter abzupfen, grob hacken und in einen Mixer geben. Yuzu-Saft, Mirin, Wasabi- und Knoblauchpaste zugeben und so lange mixen, bis der Koriander sehr fein gehackt ist und eine kräftig grüne Sauce entstanden ist. Mit Salz abschmecken, Raps- und Traubenkernöl zugeben und nochmals kräftig mixen, bis die Sauce sämig ist. Yuzu ist übrigens eine asiatische Zitrusfrucht, die wie eine Zitrone aussieht, aber ein wesentlich komplexeres Aroma hat und wie eine sehr würzige Mischung aus Limette und Mandarine schmeckt. Zur Not kann man auch Limettensaft verwenden.

Für das Salatdressing die Zwiebel schälen, fein würfeln und in einem Topf mit etwas Butter und einem Esslöffel Sojasauce glasig dünsten. Die restliche Sojasauce, den Reisessig und den Zucker gut vermischen, dann die Zwiebel zugeben. Öl einrühren und sämig aufschlagen.

Für die Garnitur den Salat verlesen, waschen und trocken schleudern. Die Karotten schälen und mit dem „Turning Slicer" in Spaghetti schneiden oder mit dem Sparschäler in dünne Streifen hobeln. Die Radieschen mit dem Sparschäler oder einem Gourmethobel in sehr dünne Scheiben hobeln.

Den Thunfisch in längliche Stücke schneiden (mit mundgerechtem, quadratischem oder rechteckigem Querschnitt) und in einer sehr heißen Pfanne in Olivenöl rundherum sehr kurz (pro Seite nicht mehr als eine halbe Minute) anbraten. Den Thunfisch in dünne Scheiben schneiden, mit Fleur de Sel salzen. Die Fischscheiben mit der Koriandersauce anrichten und mit dem marinierten Salat, den Radieschen und Karottenstreifen garnieren.

Fotos: Inge Passian

WAS MAN BRAUCHT (für 4 Portionen)

Für die Gebratene Rote Beten:
- rohe Rote Beten
- Olivenöl

Für den Gemischten Blattsalat:
- Radicchio, Eichblatt, Lollo Bianco...

Für das Dressing:
- 70 g Cranberrys
- 10 ml Himbeeressig
- 1 TL Dijon Senf
- 1 EL Honig
- Salz
- 10 ml Haselnussöl
- 20 ml Erdnussöl

Für den Käse:
- Ziegenkäserolle
- 1 TL Honig

Rezepttipp: Bunter Salat

Ein bunter Salat zaubert gute Laune

Leas Salat mit gratiniertem Ziegenkäse ist das perfekte Gericht für alle, die gerne unkompliziert, aber trotzdem fein und auch noch gesund essen mögen.

VON LEA PASSIAN, MZ

Ich liebe Salat und schnelle, einfache Küche. Wenn das Gericht außerdem auch noch so gesund ist wie dieser Salat, dann ist mir das doppelt recht. Rote Bete enthält viel Vitamin B, Kalium, Eisen und vor allem Folsäure – genau das Richtige, um in der kalten Jahreszeit fit zu bleiben. Da Eisen zusammen mit Vitamin C besonders gut vom Körper aufgenommen werden kann, spielen die Cranberrys in meinem Dressing eine zentrale Rolle. Die Moos- oder Kranichbeeren, die aus Nordamerika stammen, sind nämlich wahre Vitamin-C-Bomben. Auch geschmacklich fügen sie sich wunderbar mit ihrer süßlichen Säure in den Salat ein und harmonieren zudem perfekt mit dem gratinierten Ziegenkäse.

Für die Zubereitung brauche ich nicht länger als 20 Minuten. Zunächst schäle ich die rohen Roten Beten. Ich ziehe mir dafür Schutzhandschuhe über, damit ich keine roten Finger bekomme. Dann werden die Rüben in mundgerechte, zwei bis drei Millimeter dicke Scheiben geschnitten. In einer Pfanne braten sie mit etwas Olivenöl circa drei Minuten pro Seite an. Die gebratenen Scheiben lasse ich auf einer Lage Küchenkrepp auskühlen und salze sie leicht.

Für das Salatdressing mische ich Himbeeressig und Senf mit dem Honig und schmecke es mit Salz ab. Danach wird das Öl dazugemixt und die Cranberrys zugegeben. Als Nächstes wasche ich den Salat und rupfe ihn in nicht zu große Stücke.

Den Ziegenkäse schneide ich in etwa einen Zentimeter dicke Scheiben und lege ihn auf ein Backblech. Jede Scheibe wird mit etwas Honig beträufelt. Das Gratinieren der Käsescheiben klappt am besten mit einem Bunsenbrenner. Weil das nicht ganz ungefährlich ist, lasse ich mir von Mama oder Papa helfen. Wer keinen Bunsenbrenner besitzt, kann den Käse kurz unter dem sehr heißen Grill im Backofen gratinieren. Dabei besteht aber die Gefahr, dass die Scheiben auseinanderlaufen, noch bevor sie sich oben gebräunt haben.

Zuletzt richte ich den Salat mit dem Dressing und den Rote-Bete-Scheiben auf tiefen Tellern an. Die gratinierten Käsescheiben gebe ich erst kurz vorm Servieren darauf. Geröstetes Baguette passt prima dazu. Guten Appetit!

Fotos: Lissi Knipl-Zörkler

WAS MAN BRAUCHT (für 2-3 Personen)

Für den Fisch:
- 1 Victoriaseebarschfilet (ca. 300 g)
- 1 Lachsfilet ohne Haut (ca. 180 g)
- 1 Zackenbarschfilet (ca. 160 g)
- 200 g Partygarnelen (vorgekocht)

Für das Gemüse:
- 8 Kirsch- oder Datteltomaten
- 3 rote Schalotten
- 1 Avocado und 2 rote Chilischoten
- 1 ½ Bund frischen Koriander

Für die Marinade:
- 1 Biozitrone und 1 Limette
- 4-5 Esslöffel Olivenöl Extra Vergine
- Meersalz
- Pfeffer aus der Mühle

Rezepttipp: Ceviche

Sommerurlaub im kühlen Glas

Ceviche heißt das Traditionsgericht aus Peru: Roher, in Limettensaft marinierter Fisch. Leicht und gesund – und ideal für heiße Sommertage

VON LISSI KNIPL-ZÖRKLER UND SIEGFRIED KNIPL, MZ

Eine Portion Ceviche weckt bei uns schöne Erinnerungen an einen Urlaub in Tulum auf der Halbinsel Yucatán. In einem Barfuß-Restaurant direkt am Strand haben wir zum ersten Mal diese hauptsächlich in Südamerika sehr verbreitete Spezialität gegessen und uns die Zubereitung erklären lassen. Bei unseren derzeitigen Rekordtemperaturen holen wir uns mit diesem erfrischenden Rezept den Urlaub nach Hause.

Das Wichtigste beim Ceviche ist die Verwendung von frischestem Fisch (auf keinen Fall tiefgefroren!). Überwiegend bevorzugen die Mexikaner den Grouper (ein Zackenbarsch). Wir nehmen wahlweise kompakten, festen Fisch wie Barsch- oder Lachsfilets, Kabeljau und natürlich Garnelen. Am besten sofort nach dem Einkauf verarbeiten beziehungsweise „verschnipseln". Das ist nämlich das Einfache an diesem Gericht – man muss nicht kochen. Schneiden, vermischen und kühlstellen – das ist alles!

Zunächst die Chilischoten halbieren, Samen entfernen und klein hacken. Die reife Avocado nach dem Halbieren mit Zitronensaft beträufeln – so bleibt das Fruchtfleisch schön hell – und in kleine Würfel schneiden. Ebenso die gewaschenen Kirschtomaten halbieren, das Fruchtfleisch entfernen und in kleine Würfel schneiden. Drei rote Schalotten klein hacken. Die Fischfilets (wenn nötig, noch die Gräten entfernen) und die Partygarnelen auch noch in kleine Stücke schneiden. Frische Korianderblättchen von den Stielen zupfen und klein hacken. Ein paar Stängel zur Deko aufheben. Alle Zutaten in eine große Glasschüssel geben. Für die Marinade eine halbe Biozitrone und eine Limette frisch pressen, durch ein feines Sieb gießen und vier Esslöffel Olivenöl Extra Vergine hineinrühren. Den Abrieb einer Limette zugeben und mit einer Prise Meersalz und Pfeffer aus der Mühle abschmecken. Die Marinade über die Fisch-Gemüsemasse geben und im Kühlschrank für circa fünf bis sechs Stunden ziehen lassen. So gart der Fisch kalt, ganz ohne Hitze. Man nennt das auch Denaturieren (siehe Meldung). Vor dem Servieren noch einmal vorsichtig umrühren und abschmecken.

Tipp: Vorgeeiste Gläser verwenden – sieht cool aus und hält schön kühl!

Fotos: Inge Passian

WAS MAN BRAUCHT (für 4 Portionen)

Für den Salat:
- 15 ml Olivenöl
- 500 g grünen Spargel
- 300 g Erdbeeren
- 1 Prise Zucker
- 2 Avocados
- 1 EL Honig
- Salz
- Pfeffer
- 3 EL gehobelte Mandeln

Für das Dressing:
- 2 Limetten
- 50 ml Olivenöl
- Knoblauchpaste
- Salz

Rezepttipp: Grüner Spargel

Grüner Spargel trifft rote Früchte

Viele kombinieren das Stangengemüse klassisch mit Hollandaise und Schinken. Doch mit Erdbeeren und Avocados wird aus Spargel ein feiner Salat.

VON LEA PASSIAN, MZ

Während der Spargelzeit scheiden sich die Geschmäcker. Für die einen sind es die besten drei Monate des Jahres, die anderen sehnen sich nach dem letzten Spargelstich am 24. Juni, dem Johannistag. Ich persönlich bin auch kein großer Fan der weißen Stangen – nur der grüne Spargel schmeckt mir ganz gut. Aber Gott sei Dank ist die „Grüne-Spargel-Zeit" gleichzeitig auch die Erdbeerzeit. Denn Erdbeeren mag ich ganz besonders, genau so wie Avocados. Alle drei Zutaten zusammen lassen sich zu einem leckeren, lauwarmen Salat kombinieren, der nicht nur den Spargelfans schmecken wird.

Zunächst schneide ich das letzte Viertel des Spargels ab, da man den Rest verwenden kann, ohne ihn zu schälen. Im Anschluss werden die verkürzten Spargelstangen gedrittelt. Die Erdbeeren zunächst waschen, den grünen Strunk entfernen und in drei Millimeter dicke Scheiben schneiden. Dann gehobelte Mandeln in einer Pfanne leicht braun anrösten. Vorsicht: Die Mandeln dabei immer wieder wenden, da sie sonst verbrennen. Die angerösteten Mandeln aus der Pfanne nehmen und in der gleichen Pfanne einen Esslöffel Olivenöl erhitzen. Darin die Spargelstücke anbraten und auf mittlerer Hitze circa zehn Minuten garen. In der Zwischenzeit kann man das Salatdressing vorbereiten: Hierzu den Saft von 1-2 Limetten mit Honig, mit einem halben Teelöffel Knoblauchpaste (optional) und einer guten Prise Salz mischen und den Rest des Olivenöls dazugeben. Gut vermischen und gegebenenfalls mit Limettensaft und Salz abschmecken. Die Avocados halbieren, schälen, die Hälften quer in fünf Millimeter dicke Scheiben schneiden und leicht salzen.

Zu den fertig gegarten Spargelstücken nun die Erdbeerscheiben dazugeben, etwas Zucker darüberstreuen und die Erdbeeren zusammen mit dem Spargel maximal eine Minute in der Pfanne schwenken. Fertig!

Zu guter Letzt richte ich Spargel, Erdbeeren und Avocados auf einer großen Platte (oder in einer großen Schüssel) an, verteile das Dressing darüber und garniere mit den gerösteten Mandeln. Mmh – da läuft einem doch gleich das Wasser im Mund zusammen. Guten Appetit!

Fotos: Erika Neufeld

WAS MAN BRAUCHT (für 4 Personen)

Für das Ofengemüse:
- 800 g Hokkaido-Kürbis
- 2 Auberginen
- 4 Tomaten
- 4 Knoblauchzehen
- 10 EL Olivenöl
- 50 g Kürbiskerne

Für das Dressing:
- 4 Schalotten
- 1 Vanilleschote
- 2 EL Roh-Rohrzucker
- 2 EL Condimento Bianco
- 1 Biozitrone
- 125 g Cottage Cheese
- 1 Kressebeet

Rezepttipp: Kürbissalat mit Vanille-Schalotten

Kürbissalat mit Vanille-Schalotten

Oft wird das herbstliche Gemüse scharf mit Chili oder Ingwer kombiniert. Hier aber deckt eine Vanilleschote seine zarte Seite auf.

VON ERIKA NEUFELD, MZ

Wenn die Kürbissaison beginnt, kommt das leckere Gemüse bei mir regelmäßig auf den Tisch. Gebraten, gebacken, gekocht, püriert – ich habe schon viele Varianten ausprobiert. Doch diesmal will ich ein neues Rezept testen – einen lauwarmen Gemüsesalat. Hier soll der Kürbis zusammen mit Auberginen, Tomaten und Vanille-Schalotten auf den Teller kommen.

Noch bevor ich mich an die Arbeit mache, heize ich den Ofen schon einmal auf 200 Grad vor. Dann wasche und putze ich den Kürbis und schneide ihn in etwa einen Zentimeter dicke Spalten. Die Auberginen werden in dünne Scheiben geschnitten, die Tomaten halbiert, die geschälten Knoblauchzehen angedrückt – und alles mit 4 Esslöffeln Olivenöl vermischt. Dann lege ich das Gemüse auf ein mit Backpapier ausgelegtes Blech, würze es mit Meersalz und Pfeffer und schiebe es für 20 Minuten in den Ofen.

In der Zwischenzeit röste ich die Kerne in einer Pfanne ohne Fett, bis sie wunderbar duften. (Weil ich es gern nussig mag, nehme ich neben Kürbiskernen auch noch Sonnenblumen- und Pinienkerne.) Ich picke die knackigen Kerne heraus und stelle sie beiseite. Dann schäle ich die Schalotten und schneide sie in Spalten. Die Vanilleschote wird längs halbiert, das Mark herausgekratzt und mit Zucker, Condimento Bianco und 100 ml Wasser aufgekocht. Die Schalotten kommen in den Sud und garen darin etwa fünf Minuten. Dann wasche ich die Biozitrone mit heißem Wasser, trockne sie, reibe die Schale fein ab und presse sie aus. Den Saft und die Schale mische ich mit 6 Esslöffeln Olivenöl und 2 Esslöffeln von dem Vanillesud und schmecke es mit Salz und Pfeffer ab. Mittlerweile ist auch das Gemüse gar. Ich nehme es aus dem Ofen und lasse es kurz auskühlen. Dann verrühre ich es in einer Schüssel mit dem Dressing.

Zunächst gebe ich das Gemüse auf die Teller und die Vanille-Schalotte darüber. Mit einem Esslöffel forme ich kleine Nocken aus dem Cottage Cheese und richte es auf den Tellern an. Zu guter Letzt bestreue ich den Salat mit frischer Kresse und den knackig gerösteten Kernen. Die Mühe hat sich wirklich gelohnt – es schmeckt vorzüglich. Diesen Kürbissalat wird's bei mir nun öfter geben.

Fotos: Lissi Knipl-Zörkler

WAS MAN BRAUCHT (für 4 Personen)

Für den Oktopus:
- 1 große Jalapeño
- 1 paar Stängel Petersilie
- 3-4 Knoblauchzehen angedrückt
- 4 EL Olivenöl
- 1 frischen Oktopus (Krake)

Für die Fischpfanne:
- 6 EL Olivenöl
- 1 Zwiebel, feingehackt
- 6 Knoblauchzehen
- 1 ½ kg Tomaten, gehäutet, entkernt und gewürfelt
- 1 Stängel Lorbeerblätter
- 500 g ungekochte Riesen-Tiger-Garnelen, geschält und vom Darmfaden befreit
- 300 g ungekochte Jakobsmuscheln
- 500 g Heilbuttfilet
- 500 g ungekochten Tintenfisch (Kalmar), ausgenommen und in Ringe geschnitten
- 500 g vom zuvor gekochten Tintenfisch (Krake)
- ½ Bund glatte Petersilie, fein gehackt
- Salz und schwarzen Pfeffer, frisch gemahlen
- 3 Limetten

Für die Beilage:
- Reis (Paellareis) oder rustikales Weißbrot

Rezepttipp: Mexikanische Meeresfrüchtepfanne

Mexikanische Meeresfrüchtepfanne

Die Kombination aus verschiedenen Meerestieren, reifen Tomaten, scharfem Chili und Knoblauch ist ein verlockendes Gericht und typisch für Mexiko.

VON LISSI KNIPL-ZÖRKLER UND SIEGFRIED KNIPL, MZ

Mexiko, das sind für uns Erinnerungen an einen traumhaften Tauchurlaub. Über 12.000 Küstenkilometer bescheren dem Land spektakuläre Tauchgründe und natürlich einen Reichtum an köstlichen Fisch- und Schalentieren. Wir freuen uns unter Wasser über die Begegnung mit den Meeresbewohnern, aber auf dem Teller sind sie uns genauso recht. Eines unserer Lieblingsrezepte ist die gemischte Meeresfrüchtepfanne. Das Aufwendigste an diesem aromatischen Gericht ist die Zubereitung des Oktopus. Hierfür haben wir einen besonderen Trick. Wir garen den küchenfertigen Oktopus in Öl. So setzt er seinen Saft im Topf frei, wird sehr zart und verliert weniger an Eigengeschmack als beim Kochen in Wasser. Und so geht's: Die Chilischote (Jalapeño) halbieren, Petersilie mit Stängel zugeben, 3-4 Knoblauchzehen andrücken und das ganze in 4 EL Olivenöl in einer großen Kasserolle anschwitzen. Den Oktopus zufügen (nicht salzen!), Deckel aufsetzen und etwa 1 Stunde köcheln lassen, dabei alle 5 Minuten umrühren. Den Oktopus aus dem Topf nehmen, in kleine mundgerechte Stücke schneiden und diese zum Abkühlen wieder in die Garflüssigkeit legen. (Übrigens: der Oktopus kann so im Kühlschrank für circa 2 Tage aufgehoben werden)

2 EL Öl in einem Topf erhitzen und die klein gehackte Zwiebel weichdünsten. Den Knoblauch zufügen und eine Minute braten. Die gehäuteten, gewürfelten Tomaten und einen Stängel frischen Lorbeer zugeben und aufkochen. Bei geringer Hitze und ständigem Rühren rund 20 Minuten köcheln lassen. In der Zwischenzeit 2 EL Öl in einer Pfanne erhitzen, die Garnelen, die Jakobsmuscheln und zum Schluss die Tintenfischringe und -stücke einzeln bei mittlerer Hitze jeweils ein paar Minuten anbraten. Die Heilbuttstücke werden nicht angebraten, sie zerfallen sonst. Die Sauce mit Salz, Pfeffer und dem Saft der beiden Limetten abschmecken. Zuerst den gewürfelten Oktopus, dann die angebratenen Meeresfrüchte und ganz zum Schluss den Heilbutt zugeben. Die Meeresfrüchte auf einer vorgewärmten Platte anrichten, mit dem Saft einer Limette beträufeln, mit Petersilie bestreuen und mit Reis oder rustikalem Weißbrot servieren.

Fotos: Erika Neufeld

WAS MAN BRAUCHT (für 2 Personen)

Für die Röllchen:
- 400 g Auberginen
- 1 EL Olivenöl
- jodiertes Meersalz

Für die Füllung:
- 375 g Hokkaido-Kürbis (Alternative: Zucchini und Karotten)
- Meersalz
- 2-3 EL Olivenöl
- 1½ Zwiebeln
- 2 Knoblauchzehen
- 150 g Spinat
- Pfeffer

Für die Tomatensauce:
- 200 g Tomaten
- 1 Knoblauchzehe
- 50 g getrocknete Tomaten in Öl
- 35 g Tomatenmark
- 1 EL gehacktes Basilikum
- Meersalz
- Pfeffer

Für die Mandelcreme:
- 50 g Mandelmus
- 35 ml Mineralwasser
- Meersalz
- Pfeffer

Rezepttipp: Auberginenröllchen mit Mandelmus

Auberginenröllchen mit Mandelmus

Diese Rouladen sind nicht mit Käse überbacken, denn sie sind vegan.
Mandelcreme schmeckt ebenso gut – und soll gesünder sein.

VON ERIKA NEUFELD, MZ

Es scheint gar nicht schwer zu sein, auf tierische Produkte zu verzichten, wenn man das Kochbuch „Vegan for Youth" von Attila Hildmann liest. Der vegane Koch meint, eine pflanzliche Ernährung sorge für ein längeres, besseres und aktiveres Leben. Schon eine vegane Mahlzeit pro Woche soll Wirkung zeigen.

Ich will es ausprobieren – und die Auberginenröllchen mit Spinatfüllung nachkochen. Zunächst schneide ich die Auberginen längs in zwölf Scheiben (etwa 0,5 cm dick) und vermenge sie mit Olivenöl und etwas Salz. Anstelle von Kürbis (der im Frühling bekanntlich nicht Saison hat) nehme ich Zucchini und Karotten, die ich klein würfle und mit Salz und einem Esslöffel Olivenöl vermenge.

Die Auberginen und Zucchini-Karottenwürfel lege ich getrennt voneinander auf zwei mit Backpapier ausgelegte Bleche. Die Auberginen backe ich auf mittlerer Schiene etwa 14 Minuten. Das Blech mit dem gewürfelten Gemüse bleibt 10 bis 12 Minuten im Ofen. Nachdem ich die Zucchini-Karottenwürfel herausgenommen habe, lasse ich sie kurz abkühlen und hacke sie fein. Dann dünste ich Zwiebeln und Knoblauch, ebenfalls fein gehackt, im restlichen Olivenöl etwa vier Minuten an. Der Spinat muss gründlich gewaschen werden, bevor die Blätter fein gehackt in die Pfanne gegeben werden. Ich erhitze sie nur kurz und würze sie dann mit Salz und Pfeffer. Dann mische ich die Zucchini-Karottenwürfel mit dem Pfanneninhalt.

Auf die Auberginenscheiben gebe ich jeweils einen Esslöffel Spinat-Zucchini-Karotten-Masse, rolle sie vorsichtig ein und lege sie in eine Auflaufform. Für die Tomatensauce wasche ich die Tomaten und viertle das Fruchtfleisch. Alle Zutaten für die Sauce püriere ich im Mixer, hebe Basilikum unter und schmecke mit Salz und Pfeffer ab. Für die Mandelcreme vermenge ich das Mandelmus und Mineralwasser, salze und pfeffere es. Anschließend verteile ich die Tomatensauce über die Auberginenrouladen und toppe jedes Röllchen mit etwas Mandelcreme. Die Auflaufform stelle ich für etwa sieben Minuten bei 180 Grad in den vorgeheizten Backofen. Mit fein geschnittenem Basilikum und Olivenöl garniere ich die Röllchen – und lasse sie mir schmecken!

Fotos: H. Stöcker

WAS MAN BRAUCHT (für 8 Portionen)

Für den Balsamico-Braten:
- 2 bis 3 EL Butterschmalz
- 1½ kg Rindfleisch (z. B. falsches Filet oder ein Hüftstück)
- Mehl zum Bestäuben
- 3 große Zwiebeln, geviertelt
- 200 ml Balsamicoessig
- 400 ml Fleischbrühe (Rinderfond)
- 600 ml Sahne
- Salz und Pfeffer

Für die Spätzle:
- 500 g Mehl
- 5 Eier
- 1 TL Salz und gut ⅛ l Wasser

Zubereitungstipp für die Spätzle:
Aus den Zutaten einen glatten Teig herstellen und diesen mit einem Spätzlesieb in kochendes Salzwasser hobeln. Sobald die Spätzle an der Oberfläche schwimmen, werden sie abgeschöpft und serviert.

Rezepttipp: Balsamico-Sauerbraten

Sauerbraten mit italienischer Note

Mit dem Balsamico-Braten können Kochmuffel das perfekte Dinner zaubern.
Und die Reste schmecken tags darauf fast noch besser.

VON ISOLDE STÖCKER-GIETL, MZ

Der Balsamico-Braten gehört zu jenen Gerichten, die mit jedem Aufwärmen besser werden. Deshalb lässt er sich auch gut für eine Feier vorbereiten. Am Samstag gemacht und am Sonntag serviert, entfaltet er erst so richtig seinen süß-säuerlichen Geschmack. Und noch einen großen Vorteil gegenüber anderen Festtagsbraten bringt der Balsamico-Braten mit sich: Er ist ganz einfach herzustellen. Selbst Kochmuffel zaubern damit das perfekte Dinner. Der Balsamico-Braten braucht lediglich ein gutes Stück Fleisch und viel Zeit. Dann gelingt er immer.

Und so wird er gemacht: Das Fleisch waschen und trocken tupfen. Mit Mehl einstäuben. Die Zwiebeln vierteln. In einem Bräter Butterschmalz erhitzen und das Fleisch darin bei großer Hitze von allen Seiten gut anbraten. Die Zwiebeln dazugeben und bräunen lassen (sie sollten aber nicht zu dunkel anrösten, sonst wird die Sauce später bitter!). Sobald das Fleisch eine schöne Bräune angenommen hat, salzen und pfeffern und den Balsamicoessig dazugießen. Den Essig unter Rühren einreduzieren lassen, bis er nahezu vollständig verdampft ist. Nun mit Rinderfond aufgießen. Danach die Sahne dazugeben und die Sauce verrühren. Den Bräter mit einem Deckel schließen und die Hitze reduzieren, bis der Braten leise köchelt (circa E-Herd Stufe 3).

Nun heißt es Geduld haben. Der Braten braucht mindestens drei Stunden, um bei niedriger Hitze gar zuziehen. Die Garzeit hängt natürlich auch davon ab, welches Stück vom Rind gekocht wird. Wer den Balsamico-Braten nicht auf der Herdplatte köcheln lassen will, kann ihn ebenso gut nach der Niedrigtemperaturmethode im Backofen zubereiten. Nach dem scharfen Anbraten braucht er bei 120 Grad mindestens drei Stunden Zeit, um weich zu werden. Zum Schluss die Sauce nochmals mit Balsamicoessig und eventuell einem Esslöffel Zucker abschmecken. Nach Bedarf noch mit etwas Saucenbinder eindicken.

Wer den Braten nicht am selben Tag serviert, der sollte das Fleisch in Scheiben schneiden und in die Sauce legen, so kann es sich mit den Aromen vollsaugen. Vor dem Servieren auf niedriger Stufe erwärmen. Als Beilage gibt es selbstgemachte Spätzle und Blaukraut. Und wenn etwas übrig bleibt, dann wird der Braten mit Nudeln am nächsten Tag nochmal serviert.

Fotos: Andrea Fiedler

WAS MAN BRAUCHT (für 5-6 Personen)

Rezept für einen großen Topf:
- 1 kg Hackfleisch
- 2 Zwiebeln
- 1 Knoblauchzehe
- Olivenöl
- 3 Dosen gehackte Tomaten
- Oregano, Thymian (getrocknet)
- 200 g Feta
- 250 g Cocktailtomaten
- Salz, Zucker
- Pfeffer
- Bandnudeln
- frisches Basilikum zum Dekorieren

Rezepttipp: Bandnudeln mit Hackfleisch-Fetasauce

Bodenständig ins neue Jahr starten

Bandnudeln mit deftiger Hackfleisch-Fetasauce machen glücklich –
mit dieser Prognose liegen wir garantiert nicht daneben.

VON ANDREA FIEDLER, MZ

An Feiertagen vollbringen wir alljährlich Höchstleistungen: Stundenlang stehen wir in der Küche, damit der Rehbraten super zart und die Gänsekeulen extraknusprig werden. Von der Extravaganz des Fingerfoods an Silvester ganz zu schweigen ... Danach aber wächst die Lust auf etwas Bodenständiges. Warum also nicht mit einem einfachen Gericht ins neue Kochjahr starten? Ein Teller voller Pasta wärmt an grauen Wintertagen nicht nur den Magen, sondern macht auch richtig glücklich. Eine HackfleischSauce mit Fetakäse, Tomaten und Kräutern aus dem Süden bringt Sonnenschein in die nachweihnachtliche Trostlosigkeit.

Für die BologneseSauce werden Zwiebeln und Knoblauchzehe fein gehackt. In einer großen beschichteten Pfanne schwitzt man sie in Olivenöl bei mittlerer Hitze an. Nach wenigen Minuten das Hackfleisch dazugeben und alles zusammen kräftig anbraten. Das Hackfleisch sollte so lange in der Pfanne rösten, bis es leicht gebräunt und knusprig ist. Am besten das Fleisch immer wieder mit einem Kochlöffel zerteilen, damit es krümelig wird. Anschließend salzen und pfeffern. In der Küche breitet sich der Duft von Zwiebeln, Knoblauch und Fleisch schnell aus. Nun gibt man die gehackten Tomaten aus der Dose in die Pfanne. Je nach Geschmack kommen außerdem getrockneter Oregano und Thymian in die Sauce. Dann heißt es abwarten: Für den Geschmack ist es wichtig, dass der Sud bei niedriger Hitze schmort. Bis sich die Zutaten zu einer aromatischen und sämigen Sauce verbinden, kann es eine Dreiviertelstunde dauern.

In der Zwischenzeit bereitet man schon einmal den Fetakäse vor. Er wird gewürfelt. Wer mag, dass der Käse in der Sauce leichter schmilzt, schneidet dabei kleinere Stücke. Die frischen Cocktailtomaten werden geviertelt, größere Tomaten schneidet man in dünne Scheiben oder kleine Stücke.

Erst wenn die Hackfleischsauce richtig gut eingekocht ist, kommen Fetakäse und Tomaten in die Pfanne. Die Zutaten sollen nur kurz in der Sauce schmoren. Der Käse muss dabei nicht vollständig schmelzen und die Tomaten dürfen ruhig noch etwas Biss haben. Am Ende den Sugo mit Salz, Pfeffer und ein wenig Zucker abschmecken. Die fertige Hackfleisch-Fetasauce auf gekochten Bandnudeln verteilen und mit frischem Basilikum dekorieren.

Fotos: Claus-Dieter Wotruba

WAS MAN BRAUCHT (für 6 Portionen)

Rezept für einen riesigen Topf:
- 400 g Waldpilze (frisch)
- 60 g Trockenpilze (gemischt)
- 500 ml Wasser
- 100 ml Rotwein
- 300 g Bauchspeck
- 250 g Räucherwurst (keine Salami)
- 1 kg Sauerkraut
- 2 kg Weißkraut (frisch)
- 70 g Tomatenmark
- 3 Stück Lorbeerblätter
- Wacholderbeeren
- 1 Prise Zucker, Salz und Pfeffer
- 2 Äpfel (gerieben)
- 2 Karotten (geraspelt)

Rezepttipp: Jäger-Bigos

Polens Nationalgericht für Anfänger

Der Selbstversuch für die, die nicht polnisch sprechen, aber kochen wollen: Ein Jäger-Bigos. Pilze müssen drin sein und natürlich ganz viel Fleisch.

VON CLAUS-DIETER WOTRUBA, MZ

Polnisch sprechen ist schwer. Das weiß ich. Und kochen? Ich modifiziere ein Rezept aus dem Internet. Wie es schmecken soll, habe ich ja auf der Zunge. Was ist typisch für Polens Küche? Fleisch, viel Fleisch natürlich, wie in Bayern. Deftig heftig ist die Beschreibung. Was braucht's noch? Pilze. Wie sagt der deutsche und in Polen erfolgreiche Schauspieler und Kabarettist Steffen Möller so treffend: „Nationalsport der Polen? Das ist das Pilzesammeln." Ich finde eine Variation von Bigos, eines Jäger-Bigos mit Pilzen, auf polnisch mysliwski z grzybami. Das Problem: Das ist zwar langwierig (zweieinhalb Stunden) in Vor- und Aufbereitung, aber es lohnt sich. Auch hiesige Sauerkrautesser wissen: Klasse ist, dass es mit jedem Aufwärmen noch besser wird. Übrigens: Ich habe nur Speck und Räucherwurst (und da weniger) verwendet, nicht noch eine dritte Fleischssorte. Ich mache Bigos „light", eine im Wortsinn abgespeckte Version.

Trotzdem: Erst den Speck hacken und mit den Zwiebeln glasig brutzeln lassen, nebenbei die Trockenpilze einweichen, die zwei Kilogramm Weißkraut in Essigwasser waschen, entstrunken und in schmale Streifen präparieren und 20 Minuten im kochenden Wasser bei geschlossenem Topf kochen lassen. In der Küche herrscht Chaos.

Dann Pilze vorbereiten – und nein, das wäre in Polen ein Fauxpas, ich habe sie nicht frisch gesammelt, sondern Egerlinge gekauft – aber wenigstens sind es polnische. Nebenbei bemerkt: Mein größter Topf ist viel zu klein, ich kleckere, mein Ceranfeld piepst und mault.

Irgendwie geht es trotzdem und ist lustig. Ich werfe jetzt alles zusammen: Sauerkraut, Pilze, Speck, Räucherwurst, gebe die Lorbeerblätter, das Tomatenmark und den Zucker nebst ein paar (Vorsicht!) Wacholderbeeren dazu, pfeffere gut und salze vorsichtig: Die Wurst hat schon genug Salz. Später verfeinere ich noch mit einem Schluck Rotwein. Die zweite Verfeinerungsquelle, das aufzufangende Einweichwasser, habe ich Dödel dummerweise weggeschüttet.

Jetzt heißt es eine Stunde warten – und dann schmecken lassen. Mein Bigos hat auch eine Polin getestet. Das Ergebnis? Probieren sie es doch aus.

Fotos: Inge Passian

WAS MAN BRAUCHT (für 4 Personen)

Für den Chicken-Teriyaki-Salat:
- 4 Hähnchenbrustfilets
- 2 EL Olivenöl
- 2 Köpfe Salat
- 2 Avocados
- 4 TL Honig
- 2 TL Teriyaki-Sauce
- 2 TL Dijonsenf
- Salz

Für das Asia-Salatdressing (circa 0,75 l):
- 90 g Reisessig
- 60 g Mirin (süße Reisweinwürze)
- 90 g Sake
- 2 EL Honig
- ca. 2 gestrichene TL Salz
- ½ l Rapsöl (oder Keimöl)
- 6 TL braunes Sesamöl

Chicken-Teriyaki-Salat mit Honig

Honig verfeinert mit seiner Süße und dem unverwechselbaren Eigengeschmack den Salat und die gebratenen Hühnerbrüste.

VON INGE UND PETER PASSIAN, MZ

Honig schleckten schon die ersten Menschen. Höhlenmalereien aus der Steinzeit illustrieren, wie sie den wilden Bienen ihr kostbares Gut abjagten. Auch die Aborigines in Australien und die alten Ägypter labten sich an der kostbaren „Speise der Götter". Ab dem 7. Jahrtausend v. Chr. – so vermutet man – begann in Anatolien die Imkerei. Heute ist Asien der weltweit größte Honigerzeuger und es verwundert daher kaum, dass die goldene Süßigkeit dort in zahlreichen Rezepten eine tragende Rolle spielt. Unter anderem in dem, das wir heute vorstellen: Chicken-Teriyaki-Salat

Bevor es ans Fleisch geht, bereiten wir das Asia-Salatdressing vor: Essig, Mirin, Wein, Honig und Salz zusammen kräftig aufmixen (Mixer oder Zauberstab) und Öl dazulaufen lassen. Das Rezept ergibt circa 3/4 l Salatdressing. Es kann in einer verschraubbaren Glasflasche gut einen Monat im Kühlschrank aufbewahrt werden. Reisessig, Mirin, Sake und das braune Sesamöl (aus geröstetem Sesam) erhält man in einem guten Asialaden. Das Dressing passt besonders zu Romana Salatherzen oder Eisbergsalat. Und freilich auch zu unserem Chicken-Teriyaki auf Salat: Dafür den Salat waschen und in Stücke zupfen. Die Hähnchenbrustfilets kalt abwaschen und mit Küchenkrepp trocken tupfen. Das Backrohr auf 210 Grad Umluft vorheizen und, wenn vorhanden, den Grill zuschalten. In einer Schüssel den Honig, die Teriyaki-Sauce und den Dijonsenf vermischen. Die Hähnchenbrustfilets salzen und in Olivenöl kräftig auf beiden Seiten anbraten. Aus der Pfanne nehmen und in eine passende Auflaufform geben. Dann mit der Mischung aus Honig, Teriyaki-Sauce und Dijonsenf bestreichen und für etwa neun bis zwölf Minuten, je nach Größe der Filets, auf die obere Schiene des Backrohrs geben. Zur Sicherheit nach neun Minuten eines der Filets anschneiden und testen, ob es durch ist, denn wenn das Hähnchen zu lange im Ofen bleibt, wird es trocken.

Nun die Avocados schälen und in längliche Spalten schneiden. Die Hähnchen aus der Auflaufform nehmen und schräg in dünne Scheiben schneiden. Den Salat in einer Salatschüssel im Dressing wenden und auf den Tellern anrichten. Dann die Avocados zusammen mit den Hähnchenscheiben auf den Salat geben. Den Bratensaft aus der Auflaufform darüber träufeln und servieren.

Fotos: Lea Sauerer

WAS MAN BRAUCHT (für 4 Personen)

Für Gemüse und Fleisch:
- 750 g Lammgulasch
- 3 Zwiebeln, 3 Knoblauchzehen
- 2 große Karotten
- 1 Fenchelknolle
- je 1 rote und gelbe Paprika
- 1 Zucchini
- 400 g Tomaten
- 1 kl. Bd. glatte Petersilie, 1 Zweig Minze
- 1 Stück (1 cm) frischen Ingwer
- 1 EL Paprikapulver
- je 1/2 TL Kurkuma und Kreuzkümmel
- 0,1 l Weißwein
- 180 ml Wasser
- etwas Zitronensaft und -abrieb
- Salz & Pfeffer
- Olivenöl zum Anbraten
- Harissa zum Abschmecken

Für das Couscous:
- 200 g Couscous (vorgekocht)
- etwas Olivenöl, etwas Zitronenabrieb
- kochendes Salzwasser (Menge nach Packungsangabe, ca. 400 ml)

Rezepttipp: Couscous

Ein Cous und ein Cous und ein Kuss

Gemüse, Kräuter und Gewürze charakterisieren dieses Gericht aus der nordafrikanischen Küche.

VON ANGELIKA SAUERER, MZ

Es gibt viele Theorien darüber, wie das Wort Couscous entstanden ist. Manche meinen, es habe mit der Herstellung des geriebenen, gequollenen und getrockneten Weizengrießes zu tun, andere verorten es in der Sprache der Berber. Sicher ist, es stammt aus Nordafrika und es hat – auch wenn es für unsere Ohren so klingt – nichts mit „küssen" zu tun, leider. Trotzdem ist es ein sinnliches Vergnügen, die beiden Silben auszusprechen und vor allem das Gericht in seinen unzähligen Varianten zu genießen. Wir haben uns für Couscous mit Lamm und Gemüse entschieden. Wer mag, kann das Fleisch auch weglassen.

Und so geht es: Zwiebeln, Knoblauch, Karotten, Fenchel in kleine Würfel schneiden. Das Fleisch in Olivenöl scharf anbraten, herausnehmen, dann die Gemüsewürfel dünsten, Fleisch wieder zugeben. Mit Paprika, Kurkuma, Kreuzkümmel, Ingwer, Salz und Pfeffer würzen. Mit Weißwein ablöschen und mit 200 ml Wasser aufgießen. Deckel zu und leicht weiterköcheln lassen. In der Zwischenzeit Zucchini, Paprika und Tomaten in mittelgroße Würfel schneiden. Nach 30 Minuten in den Topf geben und weitere 20 – 30 Minuten garen. Ab und zu umrühren. Die Kräuter grob hacken.

Zehn Minuten vor Ende der Kochzeit bereitet man den Couscous zu. Am einfachsten geht es mit Couscous, der vorgekocht und wieder getrocknet wurde (Instant). Dazu die körnigen Grießkügelchen mit wenig Olivenöl mischen und in einer Pfanne leicht erhitzen. Mit etwas Zitronenabrieb aromatisieren, umrühren. Vom Herd nehmen, kochendes Salzwasser darübergießen. Die Menge richtet sich nach der Packungsangabe. Bei 200 g Couscous braucht man circa 400 ml. Zehn Minuten quellen lassen, ab und zu mit einer Gabel auflockern. Nach Ende der Kochzeit den Lamm-Gemüsetopf mit etwas Zitronensaft und -abrieb sowie nach Bedarf mit Salz und Pfeffer nachwürzen. Wer's scharf mag, rührt einen Teelöffel Harissa ein. Man kann die Würzsauce auch dazu reichen. Den Couscous auf einer Platte anrichten, Lamm und Gemüse rundum verteilen, Kräuter drüberstreuen. Und wenn's schmeckt, verdient die Köchin oder der Koch einen Kuss und einen Kuss …

Fotos: Angelika Sauerer

WAS MAN BRAUCHT (für 4 Personen)

Für die Würzpaste:
- 2 Zwiebeln, 2 Knoblauchzehen
- 2 cm großes Stück Ingwer
- 1 TL Garam Masala
- 2 TL
- Kurkuma
- 1 getrocknete Chilischote
- 1 TL grobes Meersalz
- 2 EL Tomatenmark
- 100 ml Wasser

Für die Einlage:
- 800 g Hühner- oder Putenbrust
- 3 – 4 rote und gelbe Paprikas
- 250 – 300 g Joghurt
- 3 EL Sonnenblumenöl

Für die Beilage:
2 Tassen Basmatireis

Rezepttipp: Hähnchencurry mit Joghurt

Ein Curry mit Joghurt und Paprika

Dieser Hähncheneintopf mit indischen Wurzeln ist leicht nachzukochen und schmeckt intensiv nach Chili, Ingwer, Kreuzkümmel und Kurkuma.

VON ANGELIKA SAUERER, MZ

Das Gute an diesem Hähnchen- oder Putencurry sind nicht nur die frische Schärfe von Ingwer und Chili sowie das würzige Aroma, sondern auch die Wirkung: Egal, wie viel man sich davon auf den Teller (nach)geladen hat – es liegt einfach nicht schwer im Bauch. Das Gericht zählt damit eindeutig zur Kategorie „macht einen guten Magen" und gehört auch deshalb zu unseren Lieblingscurrys. Nur vor einem sei gewarnt: Träger einer Zahnspange sollten damit rechnen, dass das Gewürz Kurkuma den Kleber der Brackets gelb verfärbt.

Woher wir das Rezept haben? Von einer guten Freundin. Aber ihr handgeschriebener Zettel ist gar nicht mehr nötig, denn wir wissen längst auswendig, wie's geht: Als Erstes stellt man die Würzpaste her. Dazu zwei Zwiebeln schälen und würfeln, zwei (oder mehr) Knoblauchzehen schälen und hacken, ebenso ein gut zwei Zentimeter langes Stück Ingwer. Alles in einen Pürierbecher füllen und mit einem Teelöffel Garam Masala – das ist eine indische Gewürzmischung unter anderem mit Kreuzkümmel, Kardamom und Nelken – und zwei Teelöffeln Kurkuma (Gelbwurzel) bestreuen. Eine getrocknete Chilischote mit einem Teelöffel grobem Meersalz im Mörser zerstoßen und ebenfalls dazugeben, außerdem noch zwei Esslöffel Tomatenmark. Knapp 100 ml Wasser bereitstellen und während des Pürierens nach und nach zugeben. Drei oder vier Paprikaschoten waschen, entkernen und in mittelgroße Stücke schneiden. 800 g Hühnerbrüste ebenfalls mundgerecht schneiden. Drei Esslöffel Sonnenblumenöl erhitzen, die Würzpaste zugeben und unter ständigem Rühren etwa fünf Minuten lang anschwitzen lassen. Nun die Fleischstücke dazugeben, kurz mitdünsten, dann die Paprikas. Alternative: Das Fleisch noch vor der Würzpaste anbraten und dann herausnehmen – so bekommen die Würfel eine krosse Kruste. Zum Schluss 250–300 g Joghurt einrühren. Deckel schließen und bei mäßiger Hitze 30–40 Minuten köcheln lassen. Zwischendurch umrühren und darauf achten, dass Fleisch und Gemüse nicht am Topfboden anliegen. Nach der Hälfte der Kochzeit zwei mittelgroße Tassen Basmatireis mit gut der doppelten Menge gesalzenem Wasser zum Kochen bringen und 10–15 Minuten dämpfen. Das Curry probieren und eventuell etwas nachsalzen.

Fotos: Inge Passian

WAS MAN BRAUCHT (für 2 Personen)

Für den Fisch:
- 1 Wolfsbarsch
- 6 Scheiben Parmaschinken
- 50 g Grana Padano (oder Parmesan)
- 100 ml Sahne
- 1 Schalotte
- 1/8 l Weißwein

Für die Beilagen:
- 1 Bund grünen Spargel
- 400 g Kartoffeln (Sorte: La Ratte oder Grenaille)
- 3 Zweige Rosmarin
- Salz, Pfeffer
- Cayennepfeffer
- Zucker
- Butter
- Olivenöl
- Balsamicoglace

Rezepttipp: Wolfsbarsch auf Parmesanschaum

Ein Wolfsbarsch im Parma-Pelz

Nicht im Schafspelz, sondern im Schinkenmantel tarnen sich feine Fischfilets auf Parmesanschaum – ein mediterranes Gedicht.

VON INGE UND PETER PASSIAN, MZ

Wolfsbarsch ist einer der beliebtesten Seefische. Schon die Römer haben ihn gerne gegessen und aus der mediterranen Küche ist er gar nicht wegzudenken. In Frankreich heißt er „Loup de mer", in Spanien „Lubina" und in Italien, wo unser Rezept herkommt, nennt man ihn „Branzino". Wir servieren ihn im Parma-Mantel mit geschäumtem Grana Padano, grünem Spargel und Kartoffeln. Und so geht es: Die Kartoffeln in Salzwasser etwa 15 Minuten gar kochen. Den Wolfsbarsch knapp hinter dem Kopf einschneiden, das scharfe Messer entlang des Rückgrats bis zur Schwanzflosse führen und das Filet abheben. Den Fisch wenden und mit dem zweiten Filet ebenso verfahren. Anschließend die Brustgräten herausschneiden. Nun die Filets einzeln über den Handrücken legen – durch die Biegung sind noch vorhandene Gräten leicht zu erkennen. Diese mit einer Zange oder Pinzette ziehen. Danach die Filets flach auf ein Schneidebrett legen und von der Schwanzflosse her ganz dicht an der Hautseite entlangschneiden, dabei mit der anderen Hand an Haut und Fleisch gleichmäßig ziehen. Man kann auch fertige Filets kaufen, sie sind allerdings etwas teurer. Die Fischfilets jeweils in drei gleich große Tranchen schneiden. Da das Ende des Fisches dünner ist, diese Stücke einfach zusammenklappen, damit die Päckchen ungefähr gleich groß werden. Diese dann nicht zu sehr salzen (der Schinken enthält schon viel Salz), mit etwas Cayennepfeffer würzen und in jeweils eine Scheibe Parmaschinken wickeln.

Den Spargel waschen und das letzte Viertel abschneiden. Grüner Spargel, den man ganzjährig bekommt, braucht dann nicht geschält zu werden. Salzen, mit etwas Zucker bestreuen, Butterflocken zugeben und im Dampfgarer circa zehn Minuten bissfest garen. Man kann den Spargel auch kurz blanchieren und in etwas Butter in der Pfanne schwenken. Für die Sauce die Schalotten fein würfeln und mit Weißwein aufkochen, bis die Flüssigkeit auf etwa ein Drittel reduziert ist. Abseihen und den Fond in einem Topf auffangen. Sahne und fein geriebenen Grana Padano zugeben, aufkochen und eventuell mit Salz abschmecken. Die gekochten Kartoffeln längs halbieren und in Olivenöl mit den Rosmarinzweigen auf der Schnittfläche anbraten. Zuletzt die Fischpäckchen pro Seite etwa zwei Minuten braten, bis der Schinken knusprig ist. Zum Anrichten die Sauce mit dem Zauberstab aufschäumen. Alles auf einem Teller drapieren und nach Belieben mit Balsamicoglace garnieren.

Fotos: Isolde Stöcker-Gietl

WAS MAN BRAUCHT (für 8 – 10 Portionen)

Für die Hackbällchen:
- 1 kg gemischtes Hackfleisch
- Salz, Pfeffer
- 1 Zwiebel
- Kreuzkümmel
- Koriander
- Paprika
- 1 Knoblauchzehe

Für den Fleischtopf:
- 1 kg Rindergulasch
- 5 Zwiebeln
- 2 Dosen Pfirsiche
- 1 Flasche Curryketchup (800 ml)
- 1 TL Sambal Oelek
- etwas Kreuzkümmel

Rezepttipp: Eintopf

Ein Eintopf wie aus 1001 Nacht

Dieses Gericht lässt sich auch in großen (Party-) Mengen leicht herstellen. Und nebenbei schmeckt es auch noch wunderbar.

VON ISOLDE STÖCKER-GIETL, MZ

Eigentlich sollte dieses Rezept nie auf der Aufgetischt-Seite der Mittelbayerischen Zeitung erscheinen. Nicht, weil es nicht schmeckt, sondern wegen des Curryketchups. Von diesem Fertigprodukt kommt eine ganze Flasche in den würzigen Fleischtopf. Und mit Ketchup kochen, das ist ja wohl keine Kunst, meine ich. Doch mein Mann ist da ganz anderer Ansicht. Ketchup hin oder her, es kommt doch darauf an, dass es schmeckt, sagte er neulich zu mir, als er sich gerade die zweite Portion auf den Teller geladen hatte. Deshalb müsse das Rezept unbedingt in der Zeitung stehen.

Und so macht man den Fleischtopf aus 1001 Nacht, der auch ideal für eine große Party ist: Eine Zwiebel in feine Würfel schneiden, eine Knoblauchzehe zerdrücken und beides zum Hackfleisch geben. Mit Salz, Pfeffer, Kreuzkümmel, Koriander und Paprika kräftig abschmecken. Aus der Hackfleischmasse kleine Bällchen formen.

Die restlichen fünf Zwiebeln in Würfel schneiden. Das Gulasch mit den Zwiebeln in einem großen Topf anbraten. Die Hackfleischbällchen dazugeben und ebenfalls anbraten, bis alles eine leichte Röstung hat. Den Saft der Pfirsiche in ein Gefäß abgießen. Die Pfirsiche vierteln und auf dem angebratenen Fleisch verteilen (nicht untermengen!). Den Pfirsichsaft mit dem Sambal Oelek und nach Geschmack noch etwas Kreuzkümmel verrühren und über das Fleisch gießen.

Nun kommen wir an die Stelle, an der das Curryketchup zum Einsatz kommt. Welches man verwendet, ist dem Geschmack der Esser überlassen. Das Gericht schmeckt sowohl mit der milden als auch mit der scharfen Variante. Das Ketchup wird gleichmäßig über das Fleisch gegossen und nicht untergerührt! Dann verschließt man den Topf mit dem Deckel und stellt ihn für 2,5 Stunden bei 200 Grad in den Backofen. Der Duft wird garantiert die Familie vor dem Backofen versammeln! Tipp: Wer das Curryketchup ersetzen möchte, der könnte es mit passierten Tomaten versuchen. Diese mit mehreren Esslöffeln Honig, ordentlich Currypulver, Koriander, Zimt und Kreuzkümmel sowie Knoblauch abschmecken. Dieser Tipp ist ohne Garantie, aber falls es gelingt, bitte Bescheid geben! Zum 1001-Nacht-Eintopf schmecken Brot, Reis oder Nudeln.

Fotos: Andrea Fiedler

WAS MAN BRAUCHT (für 4 Portionen)

- 2 Schalotten, fein gewürfelt
- 500 g aromatische Erdbeeren, in kleine Würfel geschnitten
- 3 EL Olivenöl
- 400 g Risottoreis
- Weißwein zum Ablöschen
- 1¼ l Gemüse- oder Fleischbrühe
- Basilikumblätter
- 2 EL Butter
- eine Handvoll frisch geriebenen Parmesan
- 1 TL Honig
- Salz
- frisch gemahlenen Pfeffer

Rezepttipp: Erdbeer-Risotto

Ein Italo-Klassiker in Rosarot

Wir lieben aromatische Erdbeeren. Dass sie nicht nur in Kuchen und Desserts schmecken, beweist dieses cremige Risotto.

VON ANDREA FIEDLER, MZ

Endlich wieder Erdbeerzeit! Und damit die Gelegenheit, die Sammlung an Erdbeerrezepten um einen neuen Liebling zu erweitern. Ich liebe die süßen Beeren – direkt vom Feld, im Quark, als selbst gemachtes Eis, auf dem Kuchen, im Salat – und neuerdings auch im Risotto. Nein, mit Milchreis hat dieses Gericht nichts zu tun. Vielmehr ist es eine rosarote Abwandlung des italienischen Klassikers. Und der versetzt auch nach den Ferien sofort wieder in Urlaubsstimmung.

Los geht es mit den Vorbereitungen: Die geschälten Schalotten und die gewaschenen Erdbeeren werden fein gewürfelt. Die Basilikumblättchen wasche ich vorsichtig und schneide sie in dünne Streifen. Den Parmesan – wer keinen zu Hause hat, kann auch Grana Padano oder Pecorino nehmen – reibe ich frisch. Dann geht es an den Herd: Das Olivenöl wird in einem Topf erhitzt, ich gebe die Schalotten dazu und dünste sie so lange, bis sie glasig sind. Nun kommen der Reis und die Hälfte der Erdbeeren dazu. Damit die Reiskörner nicht am Topfboden kleben bleiben, wird kräftig gerührt. Mit einem ordentlichen Schuss Weißwein lösche ich die Zutaten ab. Ist die Flüssigkeit verdampft, wird langsam mit Brühe aufgegossen. Ich verwende Gemüsebrühe und habe sie schon aufgekocht, damit sie schön heiß in den Topf kommt und der Garprozess des Risottos nicht unterbrochen wird.

Schöpfer für Schöpfer gebe ich dazu und rühre fleißig weiter, damit eine cremige Masse entsteht. Während der Risottoreis die Flüssigkeit aufsaugt, geben die Erdbeeren ihre rote Farbe ab. Etwa 20 Minuten dauert es, bis die Reiskörner noch einen leichten Biss haben. In der Zwischenzeit habe ich die Butter in Stücke geschnitten und gebe sie in den Topf. Nun haben auch die restlichen Erdbeeren, Basilikumstreifen und der Parmesan ihren Auftritt. Vorsichtig hebe ich die Zutaten unter und probiere ein erstes Mal: Erdbeeren, Reis und Käse vertragen sich wunderbar. Das rosarote Risotto wird mit Salz und frisch gemahlenem Pfeffer abgeschmeckt. Ein wenig Honig rundet das Gericht ab.

Für das perfekte Urlaubsflair fehlt nun nur noch ein gedeckter Tisch im Freien.

Fotos: Gaby Wörnlein

WAS MAN BRAUCHT (für 4 Personen)

Für das Hauptgericht:
- ca. 1 kg Rehschlegel
- ca. 500 g Farfalle
- ½ Liter Rotwein
- 1 Päckchen Wildgewürz
- 2-3 Schalotten
- ½ Sellerie
- 2 Stangen Porree (Lauch)
- 3 Lauchzwiebeln
- 1 geschälte Tomate
- 100 ml Tomatenmark
- 50 g Schinkenwürfel
- Parmesan, gehobelt
- 1 Becher süße Sahne

Für den Wildfond:
- Rehknochen, gehackt
- Wurzelgemüse
- 1 Zwiebel
- Thymian
- Rosmarin
- 2 Lorbeerblätter
- Wacholderbeeren
- Pfeffer
- Salz
- ½ l Rotwein

Rezepttipp: Farfalle mit Rehwildbret

Wilde Schmetterlinge im Bauch

Farfalle, also original italienische Schmetterlingsnudeln und Rehwildbret aus Oberpfälzer Wäldern: Das gibt eine ganz besonders köstliche Mischung.

VON FRITZ WINTER, MZ

Liane Engelhardt und ihre Familie sind ausgewiesene Feinschmecker. Ihre Küche ist vorwiegend griechisch-mediterran mit frischen regionalen Produkten. Am Herd wird fleißig experimentiert. So entstand die Idee, italienische Schmetterlingsnudeln mit Reh aus unserem eigenen Jagdrevier zu kombinieren – ein geschmacklicher Volltreffer, wie sich herausstellen sollte. Zunächst aber muss in einem durchaus aufwendigen Verfahren ein Wildfond vorbereitet werden. Dazu lösen wir zunächst einen Rehschlegel von etwa einem Kilo Gewicht aus und schneiden das Wildbret in kleine Würfel, die in feines Wildgewürz eingelegt werden.

Die Knochen werden klein gehackt, in Olivenöl scharf angebraten, dazu gibt man Wurzelgemüse, ein Lorbeerblatt, Wacholderbeeren, Zwiebeln, Tomatenmark und gießt mit Rotwein auf. Der Fond muss gut zweieinhalb Stunden immer wieder reduzieren, dann wird er durch ein Sieb passiert.

Die Fleischwürfel werden angebraten. Dann nimmt man sie heraus, brät in der Reine jeweils kleingewürfelten Schinken, Sellerie, Porree (Lauch), Lauchzwiebeln, geschälte Tomaten und Tomatenmark an, gießt mit einem halben Liter Burgunder auf und gibt einen Viertelliter vom Wildfond dazu. Das Ganze kommt dann zusammen mit dem Wild und einem Becher süßer Sahne in eine feuerfeste Keramikschale und man lässt es im Backofen bei 80 Grad rund 25 Minuten ziehen.

In der Zwischenzeit bereitet man die Farfalle zu – diese kann man auch selbst machen. Allerdings gibt es auch sehr gute Fertigprodukte, die sich geschmacklich vom Original kaum unterscheiden lassen. In Salzwasser werden sie al dente gekocht.

Das Wildragout gibt man heiß über die Schmetterlingsnudeln und hobelt etwas Parmesan darüber. Wer sich die aufwendige Arbeit der Zubereitung des Wildfonds sparen möchte, der kann notfalls auch im Feinkostgeschäft einkaufen gehen. Demi-Glace-Wildfonds hat sich nach unseren Erfahrungen bewährt, auch wenn die Eigenkreation natürlich immer die bessere Wahl ist. Zum Essen serviert man italienischen Rotwein – nachdem aber bayerisches Wild im Spiel ist, darf's auch ein frisches Bier sein.

Fotos: Siegfried Knipl

WAS MAN BRAUCHT (für 2 Personen)

Für die Brühe:
- 1 EL Olivenöl
- 1 gewürfelte Zwiebel
- 1 l Wasser
- Spargelschalen und -enden

Für das Risotto:
- 10 Stangen Spargel (weiß u. grün)
- 1 fein gehackte Zwiebel
- 100 g Risottoreis
- 40 g Butter
- 50 ml trockenen Weißwein
- Salz und Pfeffer

Für die Mantecatura:
- 20 g kalte Butterwürfel
- 30 g fein geriebenen Parmesan

Für den Fisch:
- 2 Wolfsbarschfilets mit Haut (oder andere Fischfilets)
- 2 EL Olivenöl
- Salz und Pfeffer

Für den Safranschaum:
- 0,1 g Safranfäden
- 75 ml Weißwein
- 75 ml Sahne
- 1 ganze Vanilleschote

Rezepttipp: Fisch mit Spargel und Reis

Traumhaftes Trio: Fisch, Spargel, Reis

Eines der ersten, zarten Frühlingsgemüse ist der Spargel.
Als Risotto passt er zu kurz gebratenem Fisch.

VON SIEGFRIED KNIPL, MZ

Für die Brühe Olivenöl in einem Topf erhitzen und eine gewürfelte Zwiebel anschwitzen, bis sie weich, aber nicht gebräunt ist. Spargelschalen und zerdrückte, holzige Enden hinzufügen und 5 – 6 Minuten garen. Die Spargel-Zwiebelmischung mit einem Liter kalten Wasser zum Kochen bringen und 20 Minuten köcheln lassen. Vom Herd nehmen und durch ein feines Sieb drücken, damit alle Aromen in der Brühe bleiben. Für den Safranschaum Safranfäden in 75 ml Weißwein sirupartig einkochen, 75 ml Sahne, eine Prise Salz und eine Vanilleschote zugeben und die Sauce cremig einkochen.

In einem Topf 20 g Butter erhitzen, eine halbe fein gehackte Zwiebel anbraten, Spargelwürfel zufügen (Spitzen aufheben!) und acht Minuten garen. Drei Esslöffel gegarten Spargel pürieren und den Rest der Würfel untermischen, salzen, pfeffern und beiseitestellen. Die vorbereitete Brühe zum Kochen bringen. Erneut 20 g Butter in einem Topf zerlassen, eine halbe gehackte Zwiebel anschwitzen, Reis zufügen und rühren bis die Körner warm und glasig sind. Dann den Wein angießen und vollständig verdampfen lassen. Kellenweise Brühe zugeben und den Reis ständig umrühren. Nach zehn Minuten die Spargelmischung zufügen und das Risotto fünf Minuten weiterkochen. Die Spargelspitzen eine Minute in der Brühe blanchieren, mit dem Schaumlöffel herausheben, salzen, pfeffern und für die Deko warmhalten.

In der Zwischenzeit die Wolfsbarschfilets in Olivenöl auf der Hautseite etwa drei Minuten anbraten. Mit einem Schaber die Filetstücke in der Pfanne andrücken damit sie gleichmäßig garen. Wir entfernen die Haut, weil die Röstaromen den feinen Spargelgeschmack sonst überlagern würden. Man kann sie aber auch je nach Geschmack dranlassen. Das fertige Risotto eine Minute ruhen lassen, zum Schluss 20 g kalte Butterwürfel und den Käse mit einem Holzlöffel unterrühren.

Auf vorgewärmten Tellern das Risotto mit den Spargelspitzen und den Wolfsbarschfilets anrichten. Die SafranSauce kurz aufkochen, mit Pürierstab aufschäumen und den Schaum neben das Spargelrisotto träufeln. Guten Appetit!

Fotos: Siegfried Knipl

WAS MAN BRAUCHT (für 6 Personen)

Für die Marinade:
- je 3 EL helle Sojasauce und Gemüsefond
- 10 g frischen Ingwer
- 2 Knoblauchzehen
- je 3 TL thailändische Fischsauce
- Honig
- abgeriebene Schale und Saft von 2 Limetten
- 2 TL gemahlenen, gerösteten Koriandersamen
- Salz und Pfeffer aus der Mühle

Für die Terrine:
- je 300 g Thunfisch
- Wildlachs- und Zanderfilet
- 400 g Räucherlachs in Scheiben
- 300 g Lauch (weißer Teil)
- 20 große Spinatblätter
- 2 kleine Fenchelknollen
- 200 ml Gemüsefond
- 200 ml Sahne
- 1 guten Schuss Pernod
- 2 Blatt weiße Gelatine
- 1 Messerspitze Safranpulver
- frisch geriebene Muskatnuss
- Cayennepfeffer
- Salz und Pfeffer aus der Mühle

Für die Deko:
- roten Beerenpfeffer
- Zitronenöl

Rezepttipp: Fischfiletterrine

Fisch und Farce in allerbester Form

Diese Terrine aus edlen Fischfilets ist ein wahrer Blickfang und für heiße Sommertage eine delikate Alternative zu warmen Vorspeisen.

VON SIEGFRIED KNIPL, MZ

Da die Fischfilets zwölf Stunden eingelegt werden müssen, beginnen wir mit der Marinade. Die Ingwerwurzel schälen und in dünne Scheiben schneiden, den Knoblauch hacken. Frisch gemahlenen Koriandersamen in einer Pfanne rösten. Abrieb und Saft von zwei Limetten bereitstellen. Soja- und Fischsauce, Honig sowie den Gemüsefond mit allen Zutaten in einem Topf aufkochen. Die Fischfilets in Stücke schneiden (1 cm dick, 10 cm lang) und in der abgekühlten Marinade circa zwölf Stunden ziehen lassen.

Die Spinat- und Lauchblätter in Salzwasser kurz blanchieren und abtropfen lassen. Für die Farce das Zanderfilet klein würfeln, mit Salz, Pfeffer, Muskat und Cayennepfeffer kräftig würzen und gut durchziehen lassen. Mit der kalten Sahne im Mixer pürieren. Anschließend die Masse durch ein Sieb streichen und eine Stunde auf Eis abkühlen lassen. In der Zwischenzeit die Fenchelknollen (ohne Grün) sehr fein würfeln und in 200 ml Gemüsefond weichdünsten. Nochmals mit Salz, Pfeffer, Muskat, Cayennepfeffer und einer Messerspitze Safran abschmecken und einen Schuss Pernod zugeben. Die Fenchelstückchen auf Küchenpapier abtropfen und auskühlen lassen, das Fenchelgrün hacken und beides unter die gekühlte Farce mischen. Die marinierten Fischfilets herausnehmen und trockentupfen. Die Wildlachsfilets in die blanchierten Lauch- und die Thunfischstücke in die Spinatblätter einrollen. Eine Terrinenform (ein Liter Inhalt) mit Frischhaltefolie auslegen und zuerst den Boden mit einer Schicht Zanderfarce bedecken. Die eingerollten Fischfilets abwechselnd in die Form schlichten. Die Zwischenräume mit der Masse auffüllen. Den Abschluss bildet die Zanderfarce. Die Terrine im Backofen bei 80 Grad Umluft 25 Minuten garen. Danach für etwa drei Stunden in den Kühlschrank stellen. Die Form vorsichtig stürzen und die Frischhaltefolie entfernen. Die Räucherlachsscheiben dünn mit der gelösten Gelatine bestreichen und die Terrine damit ummanteln. Den Terrineninhalt in Scheiben schneiden, mit rotem Beerenpfeffer, Rucola und etwas Zitronenöl servieren.

Übrigens: Am Tag darauf, wenn die Edelrolle so richtig durchgezogen ist, schmeckt sie noch besser.

Fotos: Inge Passian

WAS MAN BRAUCHT (für 1 Backblech)

- 1 Fertigteig für Flammkuchen
- 250 g grünen Spargel
- 2 Schalotten
- etwa vier Handvoll Kräutersalatmischung
  (Mini-Mangold, Rucola, Kresse, Feldsalat)
- 150 g Crème fraîche
- Olivenöl
- Salz
- frisch gemahlenen Pfeffer

Rezepttipp: Flammkuchen

Ein Flammkuchen mit Suchtgefahr

Leas Flammkuchen mit grünem Spargel schmeckt so gut und geht so einfach, dass man am besten gleich zwei Bleche davon vorbereitet.

VON LEA PASSIAN, MZ

Als wir mal bei Freunden zum Essen eingeladen waren, gab es als Vorspeise einen Spargel-Flammkuchen. Weil der so lecker war, habe ich mir von der Gastgeberin das Rezept besorgt.

Als Allererstes heize ich das Backrohr auf 220 Grad (Ober- und Unterhitze) vor. Nachdem ich den Spargel gewaschen habe, schäle ich das untere Drittel und schneide circa einen Zentimeter vom Ende jeder Stange ab. Dass man grünen Spargel nicht wie den weißen ganz schälen muss, ist ein Vorteil. Der andere ist sein nussig-würziges Aroma. Die Spitzen (circa 4 cm) werden abgeschnitten und beiseitegelegt. Die Stangen halbiere ich der Länge nach und schneide die Hälften dann in 4 cm lange Stücke, bevor ich sie zusammen mit den Spitzen in einer Pfanne mit etwas Olivenöl anbrate. Jetzt kommen die Schalotten dran. Die Enden abschneiden, schälen und längs halbieren – oder umgekehrt: Ich habe festgestellt, wenn man sie erst der Länge nach durchschneidet, kann man sie leichter schälen. Die geschälten Schalottenhälften werden in dünne Streifen geschnitten. Den ausgerollten Flammkuchenteig lege ich auf ein mit Backpapier belegtes Backblech. Danach wird der Teig mit Crème fraîche bestrichen, das geht am besten mit einem Teigschaber. Darauf verteile ich die Schalotten und Spargelstücke. Nun kommt der Flammkuchen für 10 – 15 Minuten ins Backrohr, bis er knusprig gebacken ist und an den Rändern eine schöne goldbraune Farbe angenommen hat.

Während der Flammkuchen im Rohr Farbe annimmt, wasche ich den Salat, schleudere ihn trocken, gebe ihn in eine Schüssel und vermenge ihn mit etwa zwei Esslöffeln Olivenöl. Den fertig gebackenen Flammkuchen aus dem Rohr nehmen und in quadratische oder rechteckige Stücke schneiden (geht am besten mit dem Pizzaschneider, einem Rollmesser) und auf die Teller geben. Den Salat auf die Stücke verteilen und das ganze mit Salz und Pfeffer würzen. Buon appetito!

Zum Schluss eine kleine Vorwarnung: Achtung, Suchtgefahr! Daher empfehle ich, lieber gleich die doppelte Menge zu nehmen und zwei Bleche nacheinander zu backen.

Fotos: Philipp Froschhammer

WAS MAN BRAUCHT (für 2 Personen)

Für die Forellen:
- 2 Forellen
- 2 Lorbeerblätter
- 12 Wacholderbeeren
- 2 EL Fischgewürz
- 1 große Karotte
- 1 große Zwiebel
- 200 ml Weißwein
- 200 ml Wasser
- 150 ml Essig

Für die Butterkartoffeln:
- 6-8 Kartoffeln
- 1 EL Butter
- Salz und Pfeffer
- Petersilie

Rezepttipp: Forelle

Essig macht die Forelle zart und blau

Der Speisefisch lässt sich im Essigsud leicht zubereiten. Doch nur mit intakter Schleimhaut erhält er den typischen Farbton.

VON PHILIPP FROSCHHAMMER, MZ

Die Forelle ist einer der beliebtesten Speisefische der Deutschen. Ob gegrillt, in Butter gebraten, geräuchert oder frittiert – aus dem Süßwasserfisch lässt sich für jeden Geschmack etwas Leckeres zaubern. Für Feinschmecker, die Wert auf den unverfälscht zarten Geschmack des Fisches legen, empfiehlt sich als Zubereitungsart „Forelle blau".

Dafür muss zuerst eine Karotte gewaschen, geschält und in drei bis fünf Zentimeter lange Stäbchen geschnitten werden. Die Zwiebel wird halbiert und in Ringe zerteilt. Währenddessen werden 200 ml Weißwein, 200 ml Wasser und 150 ml Essig in einem Topf auf mittlerer Hitze erwärmt, jedoch sollte der Sud zu keiner Zeit kochen. Achtung: Der Topf sollte so gewählt werden, dass problemlos zwei Forellen darin Platz finden. In den warmen Sud werden dann die Karottenstäbchen, die Zwiebel, zwei Lorbeerblätter, zwölf Wacholderbeeren und zwei Esslöffel von einem speziellen Fischgewürz zugegeben, das in den meisten Lebensmittelgeschäften erhältlich ist. Das Fischgewürz beinhaltet unter anderem Senfkörner, Dillsaat, Koriander und Nelken. Der Sud sollte dann ein paar Minuten ziehen, damit sich die Aromen gut verteilen können. Dann werden die Forellen vorsichtig in den Topf gelegt, sodass die Fische zum Großteil im Sud untergehen. Das Ganze muss dann etwa 20 Minuten auf mittlerer Hitze vor sich hinköcheln. Als Beilage empfehlen sich Butterkartoffeln, die nicht nur perfekt mit dem zarten Fleisch der „Forelle blau" harmonieren, sondern sich auch schnell und ohne großen Aufwand zubereiten lassen. Dafür kocht man die Kartoffeln, lässt sie kurz ausdampfen und schält sie. Die Erdäpfel werden dann halbiert und in einer Pfanne mit zerlaufener Butter angebräunt. Dazu gibt man Salz, eine Prise Pfeffer und bestreut die Kartoffeln mit frisch gehackter Petersilie.

Nach rund 20 Minuten im Kochtopf werden die Forellen vorsichtig herausgenommen und auf einen tiefen Teller gelegt. Mit einem Schöpflöffel werden die Fische dann mit Sud übergossen und mit Karotten und Zwiebeln bedeckt. Das Gericht wird am besten mit einem Glas Weißwein serviert.

Vor dem Kochen sollte man unbedingt darauf achten, dass die Schleimhaut der Süßwasserfische nicht zu stark verletzt ist. Nur mit einer intakten Schleimhaut erhalten die Forellen durch den Essig die für das Gericht typische Blaufärbung – das Auge isst ja bekanntlich auch mit.

Fotos: Inge Passian

WAS MAN BRAUCHT (für 4 Personen)

Für die Hähnchenfilets:
- Hähnchenbrustfilets mit Haut
- 2 TL frischen Ingwer, fein gewürfelt
- 4 EL Weißweinessig
- 2 EL Honig
- Salz
- Pfeffer

Für die Rosmarinkirschen:
- 400 g frische oder eingelegte Kirschen
- 2 Schalotten
- 50 g Bauchspeck
- 25 g Butter
- 1 TL Braunen Zucker
- 70 ml Weißwein
- 2 TL Rosmarin, frisch gehackt

Rezepttipp: Hähnchen mit Rosmarinkirschen

Hähnchen mit Rosmarinkirschen

Zartes Geflügel – würzig mariniert, knusprig im Ofen gebacken und fruchtig gebettet – verführt zum Nachkochen.

VON PETER PASSIAN, MZ

Es sind nicht immer die aufwendigen Gerichte, die besonders lecker schmecken. Dieses hier ist schon in knapp einer Stunde auf die Teller gezaubert und belohnt den Koch und die ganze Familie mit vozüglichem Aroma. Hähnchenfilets lassen sich vielfältig zubereiten: klassisch, exotisch oder fruchtig-aromatisch. Wir probieren letztere Variante – und kombinieren zartes Geflügel mit frischen oder eingelegten Kirschen, kräftigem Bauchspeck und frischem Rosmarin.

Zunächst bereiten wir die Marinade zu. Dafür wird frischer Ingwer geschält, in feine Würfel geschnitten und mit etwas Weißweinessig und zwei Esslöffeln Honig verrührt. Die ausgelösten Hähnchenbrustfilets werden fünf bis sechs Mal etwa fünf Millimeter tief und schräg eingeschnitten. Die Filetstücke in eine tiefere Form legen, die Honig-Ingwer-Essig-Mischung dazugeben und eine halbe Stunde ziehen lassen. Den Backofen auf 220 Grad vorheizen.

In der Zwischenzeit werden die Schalotten fein gehackt und der Bauchspeck in feine Streifen geschnitten. Ein Stück Butter in der Pfanne zerlassen und die Schalotten sowie die Speckstreifen bei kleiner Hitze weich dünsten. Bei frischen Kirschen müssen die Steine entfernt werden. Die Rosmarinnadeln vom Zweig zupfen und fein hacken.

Die Hähnchenteile aus der Marinade nehmen, mit Salz und Pfeffer würzen und auf einem Gitterrost in das vorgeheizte Backrohr geben. Damit die abtropfende Marinade nicht einbrennt, schieben wir vorsorglich ein Blech mit etwas Wasser darunter. Die Filets müssen nun je nach Größe etwa 12 – 18 Minuten braten. Bei dem Topf mit den Schalotten und dem Speck die Hitze erhöhen und einen Teelöffel braunen Zucker zugeben. Wenn sich der Zucker aufgelöst hat, mit Weißwein ablöschen. Nun die Kirschen, den Rosmarin und die restliche Honig-Ingwer-Essig-Marinade zugeben und zehn Minuten köcheln lassen.

Etwas Speisestärke kalt anrühren und die Kirschsauce damit leicht binden. Zum Servieren die Rosmarinkirschen mit Speck auf die Teller schöpfen und mit einem Filetstück belegen. Ein Tipp vom Koch persönlich: Knusprig gebackenes Stangenweißbrot passt prima dazu!

Fotos: Christian Kucznierz

WAS MAN BRAUCHT (circa 4 – 6 Portionen)

Für eine mittlere Auflaufform:
- 4 bis 6 Spitzpaprika, rot oder grün
- 250 g Rinderhack
- 2 große Zwiebeln, in kleine Stücke geschnitten
- 2 Knoblauchzehen
- 1 Dose Tomaten (400 g), in Stücken
- 100 g Reis, lose
- Salz
- Pfeffer
- Oregano, frisch oder getrocknet
- Olivenöl
- eine normale Paprika zur Dekoration (optional)

Rezepttipp: Heiße Schoten – gefüllte Paprika

Heiße Schoten aus dem Ofen

Paprika sind im Kosovo vielfach auf den Tischen zu finden.
Gefüllt und aus dem Ofen sind sie aber besonders gut.

VON CHRISTIAN KUCZNIERZ, MZ

Auf dem Balkan ist manches anders – auch beim Essen, und so sieht vieles in der Küche des Kosovo zunächst bekannt aus. Die Grenzen sind, was Kulturen angeht, fließend. Die albanische Küche mag die dominierende im Land sein, aber es gibt auch Einflüsse aus anderen Nachbarländern, zudem diverse kulinarische Hinterlassenschaften aus osmanischer Zeit, gerade bei den Nachspeisen.

Als ich Besnik Leka, einen meiner Kontaktleute bei meiner Reise, nach einem klassischen Gericht aus dem Kosovo frage, antwortet er: „Flia. Oder gefüllte Paprika". Da Flia, eine Art mehrfach übereinandergelegter, salziger Pfannkuchen, in einer speziellen Form über offenem Feuer gemacht wird, gab er mir ein Rezept für gefüllte Paprika, die auf albanisch „Speca te mbushur" heißen.

Die Spitzpaprika – normale werden schnell zu groß und das Mischungsverhältnis zwischen Füllung und Paprika stimmt dann nicht – waschen, aufschneiden und entkernen. Zwiebeln und Knoblauch in Olivenöl anschwitzen. Dann das Hackfleisch zusammen mit den Zwiebeln und dem Knoblauch anbraten und mit Salz, Pfeffer und Oregano würzen. In der Zwischenzeit den Ofen auf 180 Grad Umluft vorheizen. Zum angebratenen Fleisch nun den Reis ungekocht dazugeben, kurz anbraten und dann mit den Dosentomaten aufgießen. Das alles ein paar Minuten köcheln lassen.

Dann mit einem Löffel die Mischung in die Paprika füllen, aber aufpassen, dass sie dabei nicht reißen. Dann in eine feuerfeste Form geben, die restliche Füllung um die Paprika geben und ab in den Ofen. Nach einer guten halben Stunde die Hitze auf 140 Grad reduzieren und noch rund eine Viertelstunde weiter im Ofen lassen, aber aufpassen, dass die Paprika nicht zu sehr anbrennt. Besnik meinte zu mir: „Ich mache das immer nach Gefühl, nicht wirklich nach exaktem Timing. Ich weiß, das ist nicht sehr deutsch von mir." Keine Angst: Der Reis wird durch die Flüssigkeit in den Tomaten und in den Paprika weich. Er behält ein wenig Biss, je nachdem, wie lange die Paprika im Ofen bleiben. Wer auf Nummer sicher gehen will, gibt noch mehr von den Tomaten neben die Paprika in die Schüssel. Besnik brät am Ende noch ein paar Scheiben Paprika in Olivenöl an, legt sie auf die gefüllten Schoten und lässt sie noch kurz mit im Ofen.

Fotos: Inge Passian

WAS MAN BRAUCHT (für 4 Portionen)

Für die Spargel-Involtini:
- 500 g Kalbsschnitzel (4 mm dünn geschnitten)
- 100 g Parmaschinken
- 2 EL Dijonsenf
- 2 TL Aceto Balsamico
- Rucola (eine Handvoll)
- 250 g grünen Spargel
- 50 ml Weißwein
- 50 ml Gemüsebrühe
- Salz, Olivenöl

Für das Kartoffelrisotto:
- 600 g festkochende Kartoffeln
- 1 Zwiebel
- 2 Knoblauchzehen
- Olivenöl
- 125 ml Weißwein
- 400 ml Gemüsebrühe
- 100 g Parmesan
- 20 g Butter

Rezepttipp: Italienische Rouladen – Involtini

Die Anziehungskraft von Involtini

Der Mittelpunkt des menschlichen Wohlbefindens ist – der Herd. Auf ihm brutzeln heute italienische Rouladen.

VON PETER PASSIAN, MZ

Die Erde kreist um die Sonne und der hungrige Mensch kreist um die Küche – besonders in Italien. Sie ist das Kraftzentrum, das die einzelnen Familienmitglieder mindestens einmal am Tag mit unwiderstehlicher Anziehungskraft aus ihren jeweiligen Umlaufbahnen an den Herd holt. Dort locken heute Involtini mit grünem Spargel – dünne Kalbsschnitzel und Parmaschinken umgarnen das zarte Gemüse und wickeln jeden hungrigen Esser um den Finger. Dazu gibt es Kartoffelrisotto. Die Zubereitung für vier Personen dauert etwa eine Stunde und geht ganz einfach.

Den Spargel waschen, das hintere holzige Drittel abschneiden. Die Stangen in Salzwasser zehn Minuten kochen oder besser im Dampfgarer 15 Minuten garen. In der Zwischenzeit den Rucola fein hacken und mit Senf und Aceto zu einer Paste verrühren. Die Schnitzel plattieren (mit einem flachen Gegenstand leicht klopfen), mit je einer Scheibe Parmaschinken belegen und mit etwas Paste bestreichen. Von den Spargelstangen vom hinteren Ende her je ein Stück in der Breite der Schnitzel abschneiden, auf die vorbereiteten Fleischscheiben legen und zu Involtini rollen. Die kleinen Rouladen außen etwas salzen.

Für das Risotto die Kartoffeln in maximal fünfmal fünf Millimeter große Würfelchen schneiden. Die Zwiebel und den Knoblauch fein würfeln und in einem großen Topf in Olivenöl glasig anschwitzen. Dann die Kartoffelwürfel zugeben und zwei Minuten unter ständigem Umrühren mit anschwitzen. Mit Weißwein ablöschen, einköcheln lassen und dann so viel Brühe angießen, dass die Kartoffeln gerade bedeckt sind. Cremig einkochen lassen – das dauert circa 15 Minuten – und bei Bedarf immer wieder etwas Brühe zugeben.

In einer Pfanne die Involtini in Olivenöl rundherum braun anbraten, mit Wein und Brühe ablöschen. Die Involtini mit der Pfanne für fünf Minuten in das auf 100 Grad vorgeheizte Backrohr geben. Den Parmesan reiben und mit der Butter unter das Risotto rühren und mit Salz abschmecken. Die übrig gebliebenen Spargelstücke zum Aufwärmen zum Risotto geben. Involtini mit Risotto, Spargel und Bratensaft anrichten. Guten Appetit!

WAS MAN BRAUCHT (für 4 Personen)

Für die Filetrolle:
- 800 g Kalbsfilet vom Mittelstück
- 200 g Lardo (Tipp: Lassen Sie sich vom Feinkosthändler zweimal je 100 g hauchdünn geschnittene Speckscheiben nebeneinander auf Folie legen)
- 15 Salbeiblätter
- 1 Biozitrone

Für die Bratkartoffeln:
- 6 mittelgroße Kartoffeln
- 10 Cocktailtomaten
- 2 EL Pinienkerne
- Olivenöl

Für den Salat:
- 150 – 200 g Wildkräutersalat
- 8 gelbe Cocktailtomaten
- 1 – 2 EL Orangensaft
- 2 EL Sherryessig
- Salz, frisch gemahlenen Pfeffer
- 2 EL Walnussöl

Fotos: Lissi Knipl-Zörkler

Rezepttipp: Kalbsfilet in Speck gehüllt

Die neue Paraderolle des Lardo

Unsere Eigenkreation – ein Kalbsfilet in feinsten Speck gehüllt – kommt am Stück auf den Grill und ist eine delikate Alternative zu Würstel, Steak oder Fisch.

VON SIEGFRIED KNIPL, MZ

Wir tauschen im Sommer unsren Herd gegen den Grill und lassen die Kohlen fast täglich glühen. Wer so viel und gerne grillt, wird erfinderisch. Unser Favorit ist momentan ein Kalbsfilet, das mit Salbei und Lardo in eine italienische Rolle schlüpft.

Das Kalbsfilet waschen, trocken tupfen, von Fett und Sehnen befreien, mittig der Länge nach zweimal einschneiden und zu einem breiten, rechteckigem Stück aufklappen. Eventuell flach klopfen. Die erste Lage (100 g) dünn geschnittenen Lardo gleichmäßig auf dem Kalbsfilet verteilen und mit Salbeiblättern belegen. Etwas Zitronenschalenabrieb bringt Frische. Ganz wichtig: Auf Würze komplett verzichten, weil der besonders gereifte italienische Speck leicht salzig und sehr aromatisch ist. Das Filet mit leichtem Druck zu einer Roulade zusammenrollen und mit Küchengarn fixieren. Sechs rohe, geschälte Kartoffeln in kleine, gleichmäßige Würfel schneiden.

Zehn Cocktailtomaten halbieren und mit zwei EL Pinienkernen beiseitestellen. Für den Wildkräutersalat unbedingt ein mildes, fruchtiges Dressing verwenden, damit der feine Eigengeschmack zur Geltung kommt. Hierzu ein bis zwei EL Orangensaft, je zwei EL Sherryessig und Walnussöl, Salz und Pfeffer mischen. Das Dressing erst kurz vorm Servieren über die Blätter geben. Den Grill für eine geteilte Drei-Zonen-Glut mittlerer Hitze (circa 200 Grad) vorbereiten. Das Kalbsfilet direkt über der Kohle auf dem Rost von allen Seiten grillen, bis es außen gleichmäßig gebräunt ist. Vom Grill nehmen, Küchengarn entfernen und mit der zweiten Hälfte des zart schmelzenden Lardo einwickeln. Die Filetrolle in einen Bratenkorb mit Tropfschale zum indirekten Grillen für etwa 30 – 40 Minuten zwischen die beiden Grillkohlezonen legen. Die Kartoffelwürfel mit etwas Olivenöl mischen und in einer Grillschale auf dem Rost circa 25 Minuten braten. Der Grill bleibt geschlossen und der Deckel wird nur kurz zum Wenden der Kartoffelwürfel geöffnet. Erst wenn der Speck über dem Filet schön gebräunt ist, die Roulade aus dem Grill nehmen und fünf Minuten ruhen lassen. Jetzt die Cocktailtomaten und die Pinienkerne zu den Kartoffeln geben. Die Kalbsfiletrolle in Scheiben schneiden und zusammen mit den mediterranen Bratkartoffeln und dem fruchtigen Wildkräutersalat servieren. Wer mag, kann die Fleischstücke mit dem würzigen Bratensaft aus der Tropfschale beträufeln.

Fotos: Siegfried Knipl

WAS MAN BRAUCHT (für 4 Personen)

Für die Leber:
- 8 Stück Kalbsleber (je 70 – 80 g)
- 1 EL Sonnenblumenöl (Pflanzenöl)
- 30 g Butter

Für den Mangold:
- 1 Stange Mangold
- 1 EL Olivenöl Extra Vergine
- Salz und Pfeffer aus der Mühle

Für die Sauce:
- 250 ml Balsamicoessig
- 3 EL Pinienkerne, geröstet
- 3 EL Sultaninen (ungeschwefelt)

Rezepttipp: Kalbsleber mit Mangold

Kalbsleber im Duett mit Mangold

Knackige Krautstiele, feinherbe Balsamicosauce und knusprige Pinienkerne machen die zarte Kalbsleber zum Gedicht.

VON SIEGFRIED KNIPL, MZ

Den Backofen zum Warmhalten auf 50 Grad vorheizen und die ungeschwefelten Sultaninen in etwas Wasser einweichen. Wir empfehlen die Sultana-Traube. Je größer und heller die Sultanine, desto höher ist übrigens ihre Qualität. Die Pinienkerne goldbraun rösten und zum Abkühlen beiseitestellen. Den Balsamicoessig in der Pfanne mit den Sultaninen langsam auf die Hälfte einkochen, bis er sirupartig ist. Es ist nicht nötig, den besten Balsamicoessig zum Kochen zu verwenden. Es könnte sogar passieren, dass ein teurer, lang gereifter Essig beim Reduzieren der Sauce anbrennt, weil er einen höheren Zuckergehalt besitzt.

In der Zwischenzeit die Blätter von den Mangoldstielen lösen. Das geht am besten mit einem Keilschnitt. Jetzt die Stiele in dünne, circa 8 cm lange Stifte schneiden und kurz in kochendem Wasser blanchieren (3 – 4 Minuten reichen), abgießen und trockentupfen. Das ist sehr wichtig, weil sie später in Öl angebraten werden.

Die Mangoldblätter ebenfalls für eine Minute in das heiße Wasser geben und anschließend in eine Schüssel mit sehr kaltem Wasser legen (das erhält die grüne Farbe). Auch die Blätter ordentlich abtupfen und zum Trocknen auf ein Küchenpapier legen.

In einer weitere Pfanne bei mittlerer Hitze das Sonnenblumenöl angießen und die Leber darin knusprig anbraten (maximal 2 – 3 Minuten pro Seite). Vor dem Wenden 30 g Butter zugeben. Darauf achten, dass die Pfanne nicht zu heiß wird und dass die Leber nicht anbrennt. Anschließend die Leberstücke auf einen Teller legen, mit Salz und Pfeffer aus der Mühle würzen und mit dem zerlaufenen Butter-Bratensaft übergießen. Zum Warmhalten bei 50 Grad in den Ofen stellen. Achtung: Bei zu hoher Hitze zieht die Leber nach und wird zäh.

In einer Pfanne mit Olivenöl die abgetrockneten Mangoldstiele goldbraun anbraten. Nun auch die Mangoldblätter zum Anwärmen hinzugeben. Den Mangold auf vorgewärmten Tellern anrichten, die Leberscheiben darauflegen, mit der Balsamicosauce beträufeln und mit den Sultaninen umgeben. Geröstete Pinienkerne darüberstreuen und schon ist das Gericht servierfertig. Guten Appetit!

Fotos: Isolde Stöcker-Gietl

WAS MAN BRAUCHT (für 4 Personen)

- 4 große Kohlrabi
- 200 g Kochschinken; als Alternative kann man auch Salami nehmen
- 150 – 200 g Gouda oder Emmentaler in Scheiben
- 4 Fleischtomaten
- Tomatenwürzsalz
- 3 Eier
- 3 EL Butter
- 4 EL Sahne
- 1 großen EL Kräuterfrischkäse
- Semmelbrösel
- Salz
- Pfeffer
- Muskat

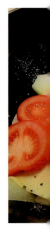

Rezepttipp: Kohlrabi-Lasagne

Wie aus Kohlrabi eine Lasagne wird

Warum den italienischen Nudelklassiker nicht mal mit gesundem Gemüse zubereiten? Das spart Arbeit und Kalorien.

VON ISOLDE STÖCKER-GIETL, MZ

Es ist Fastenzeit. Auch in meiner Familie haben wir den Vorsatz gefasst, in den insgesamt sechs Wochen bis Ostern die süßen Sachen zu meiden und stattdessen besonders viel Gemüse zu essen. Bei den Kindern muss man da allerdings mit einigen Tricks arbeiten, denn Gemüsesuppe steht nun mal auf der Beliebtheitsskala nicht ganz oben. Lasagne dafür aber schon. Und so kommt – der bewährten Rezeptdatenbank „Chefkoch" sei Dank – nun die Kohlrabi-Lasagne auf den Tisch. Sie macht weniger Arbeit als die italienische Nudelvariation, hat dazu viel weniger Kalorien und schmeckt dank Schinken und Käsefüllung auch den Kindern „fast" so gut wie das Original mit Béchamelsauce und Hackfleisch.

Und so wird das Gericht zubereitet: Die Kohlrabi schälen, halbieren und in circa 1/2 cm breite Scheiben schneiden. In einem Topf circa 300 ml Wasser mit ca. 1 EL Salz würzen und die Kohlrabi darin in ungefähr 20 bis 30 Minuten bissfest dämpfen.

In der Zwischenzeit eine flache Auflaufform ausbuttern und mit Semmelbröseln bestreuen. Das Wasser vom Kohlrabi abgießen und den Boden der Auflaufform mit Kohlrabischeiben bedecken. Die Scheiben sollten sich nicht allzu sehr überlagern. Danach belegt man den Kohlrabi mit gekochtem Schinken (oder alternativ mit einer Schicht Salami). Als nächste Schicht kommen die Käsescheiben. Die Tomaten ebenfalls in Scheiben schneiden, auf dem Käse verteilen. Mit etwas Tomatenwürzsalz bestreuen. Wer das nicht zu Hause hat, nimmt etwas Salz, Zucker und getrocknetes Basilikum oder Kräuter der Provence als Würze. Zuletzt wird die Lasagne nochmals mit Kohlrabischeiben abgedeckt.

Die Eier werden mit Sahne, etwas (Kräuter-)Frischkäse und Milch verquirlt und mit Salz, Pfeffer und Muskat gewürzt. Die Eiermasse über den Kohlrabi gießen. Dann das Ganze noch mit Semmelbröseln bestreuen und Butterflocken draufsetzen.

Die Kohlrabi-Lasagne für rund 20 bis 30 Minuten bei 200 Grad Ober-/Unterhitze (180 Grad Heißluft) ins Backrohr schieben. Auf die Semmelbrösel achten, damit diese nicht verbrennen. Das Gericht braucht eigentlich keine Beilagen. Für sehr hungrige Esser serviert man Salzkartoffeln oder ein Schnitzel dazu.

Fotos: Andrea Fiedler

WAS MAN BRAUCHT (für etwa 5 Ministrudel)

Für den Strudelteig:
- 250 g Mehl
- 2 Eidotter
- 1 Prise Salz
- 150 ml Sahne

Für die Sauerkrautfüllung:
- 250 g Speck (Wer lieber eine vegetarische Variante zubereiten möchte, kann anstatt des Specks mehr Gemüse verarbeiten.)
- 1 Zwiebel
- 500 g Sauerkraut
- 2 Karotten
- Salz
- Pfeffer

Rezepttipp: Krautstrudel

Strudel als knuspriger Alleskönner

Diese deftigen Rollen sind mit Sauerkraut, Karotte, Zwiebel und Speck gefüllt. Frisch aus dem Ofen schmecken sie solo oder zu frischem Salat.

VON ANDREA FIEDLER, MZ

Knuspriger Strudelteig ist ein Alleskönner. Gefüllt mit süßen Äpfeln oder Quark ist er ein Klassiker auf Dessertkarten und Kaffeetafeln dieser Welt. Doch er kann noch mehr – verarbeitet zum Minikrautstrudel verzaubert er Gäste. Garantiert. Und keine Angst, dieser Teig ist unkompliziert und schnell gemacht.

Für den Strudelteig werden Mehl, Eidotter, Salz und Sahne vermischt. Am besten erst mit dem Knethaken des Rührgeräts kurz vermengen und anschließend mit beiden Händen kneten. Schnell wird der Teig schön glatt und geschmeidig. Nun kleine Laibchen formen und zum Ruhen auf ein Brett setzen. Die Größe der einzelnen Teigportionen richtet sich nach der Größe des gewünschten Strudels. Wer lieber kleinere Rollen möchte, teilt den Teig in etwa fünf Portionen.

Während der Strudelteig ruht, wird die Füllung hergestellt: Dazu die Zwiebel, Karotten und Speck in kleine Würfel schneiden, das Sauerkraut aus der Dose nehmen und abtropfen lassen. Dann kommt zuerst der Speck in die Pfanne. Öl oder Butter sind nicht nötig, schließlich gibt der Speck selbst genug Fett ab. Zwiebeln und Karotten mit in die Pfanne geben und kurz dünsten. Wenn das Gemüse weich wird, das Sauerkraut mit in die Pfanne geben und weiterbraten. Die Füllung mit Salz und Pfeffer abschmecken. Bevor sie auf den Teig kommt, muss sie aber auskühlen.

Nun jeweils die Teiglaibchen mit dem Nudelholz ausrollen. Damit der Strudel schön dünn wird, außerdem mit den Händen zu einem Rechteck ziehen. In die Mitte die Füllung geben. Die Teigränder einmal umschlagen, damit ein etwa ein Zentimeter breiter Rand entsteht. Danach den Strudel rollen. Die einzelnen Rollen werden nebeneinander in eine gefettete Auflaufform gesetzt. Damit sie goldbraun aus dem Ofen kommen, noch mit ein wenig zerlassener Butter bestreichen. Im vorgeheizten Backofen brauchen die Krautstrudel rund 30 Minuten. In Scheiben aufgeschnitten schmecken sie zum Aperitif, sie machen sich gut auf einem kalten Büfett und passen wunderbar zu Salat. Weil die kleinen Häppchen süchtig machen (und sich noch dazu gut einfrieren lassen), am besten die doppelte Menge zubereiten!

Fotos: Inge Passian

WAS MAN BRAUCHT (für 4 Personen)

Für die Muscheln:
- 2 kg frische Miesmuscheln
- 3 – 4 Chilischoten
- 2 Knoblauchzehen
- 400 g Kirschen
- 50 g Rucola
- 10 Blätter Basilikum
- 3 Zweige Petersilie (gehackt)
- Zitronengras (1 Stange)
- Ingwer (1TL klein gehackt)
- 4 TL Sojasauce
- Frisch geschroteten Pfeffer
- 4 EL Olivenöl

Tipp:
Stangenweißbrot passt gut dazu!

Rezepttipp: Muscheln

Muscheln – scharf und fruchtig

Chilis verfeinern mit ihrer scharfen Würze so manches Gericht. Zusammen mit aromatischen Kirschen peppen sie auch Meeresfrüchte auf.

VON PETER PASSIAN, MZ

Miesmuscheln haben in Deutschland traditionell von Juli bis März Saison. Der Brauch, dass sie nur in den Monaten mit dem Buchstaben „r" gegessen werden, entspringt Zeiten, in denen die Kühlung Probleme machte. Heutzutage können wir Miesmuscheln dank modernster Fischtechnik und gekühlter Transporte fast rund ums Jahr genießen. Auf unterschiedlichste Art und Weise können Meeresfrüchte zubereitet werden. Diese Variante ist fruchtig-scharf, schmeckt ausgezeichnet und lässt sich in weniger als einer Stunde zubereiten. Zunächst müssen die Miesmuscheln gut gewaschen, abgebürstet und die Muschelbärte entfernt werden. Schon offene Muscheln sollten nicht verwendet werden. Die gesäuberten Muscheln müssen kurz abtropfen, bevor sie in einem Küchenhandtuch eingeschlagen abgetrocknet werden.

Die Kirschen werden geviertelt und entsteint. (Anmerkung: Nektarinen sind eine leckere Alternative.) Der Knoblauch wird in dünne Scheiben geschnitten. Vom scharfen Ingwer wird nur ein kleines Stück benötigt, das fein gewürfelt wird. Wer es sehr scharf mag, schneidet die Chilischoten in feine Ringe und verwendet die Kerne mit. Wer die mildere Variante vorzieht, halbiert die Schoten der Länge nach, entfernt die Kerne und schneidet die Chilis klein. Das Zitronengras wird am dicken Ende mit dem Messerrücken etwas weich geklopft und in sehr feine Ringe geschnitten.

Sind die frischen Zutaten geschält und geschnitten, müssen zwei große Pfannen heiß werden, in denen dann etwas geschroteter Pfeffer kurz angeröstet wird. Pro Pfanne werden dann 1 – 2 EL Olivenöl, Knoblauch und Chili zugegeben und angebraten, bis der Knoblauch goldbraun ist. Die gesäuberten Muscheln werden ebenfalls auf beide Pfannen verteilt und mit angebraten. Wenn die Muscheln anfangen, sich zu öffnen, kommen die frischen Ingwerwürfel, das Zitronengras und etwa zwei Teelöffel Sojasauce (pro Pfanne) dazu. Ist der Sud eingeköchelt, drei Zweige gehackte Petersilie, Rucola, ein paar ganze Basilikumblätter und die geviertelten Kirschen dazugeben. Die Zutaten kurz ziehen lassen – und mit einem knusprig gebackenen Stangenweißbrot servieren.

Fotos: Erika Neufeld

WAS MAN BRAUCHT (für 4 Personen)

Für die Rindermedaillons:
- 4 Rinderfiletmedaillons (à 150 g)
- 2 EL Öl zum Braten
- Salz, Pfeffer

Für die Sauce:
- 200 ml Rinderfond
- 200 ml Bordeaux
- 100 ml Kirschsaft
- 20 Kirschen, entsteint

Für die Kräuterpfifferlinge:
- 600 g Pfifferlinge
- 20 g Butter
- 1 EL Mehl
- 200 ml Sahne
- Salz und Pfeffer aus der Mühle
- je 1 EL fein geschnittenen Schnittlauch
- fein gehackte Petersilie
- fein geschnittene Lauchzwiebeln
- ½ Knoblauchzehe, gepresst

Für die Klosternudeln:
- 300 g gekochte Kartoffeln
- 1 Ei
- 2 EL Mehl
- ½ Bund Thymianblättchen
- Salz
- Pfeffer
- Muskat

Rindermedaillons mit Pfifferlingen

Das schmeckt herbstlich: Frische Kräuter, Pilze, zartes Rinderfilet – dazu eine Sauce aus Kirschen und feinem Bordeaux.

VON ERIKA NEUFELD, MZ

Etwas zu früh wollte ich wohl meine Lieblingsjahreszeit, den Herbst, einläuten und ein Wildgericht kochen. Ich wälzte Kochbücher – und entschied mich für Hirschrückenmedaillons mit Kräuterpfifferlingen und Bordeaux-Kirsch-Jus. Vor meinem inneren Auge brutzelten die saftigen Medaillons schon in der Pfanne und köchelten die Pfifferlinge in frischen Kräutern. Umso größer sollte die Enttäuschung werden, als mich der Metzger auf die kältere Jahreszeit vertröstete.

Weil ich mich aber nicht so leicht geschlagen gebe, veränderte ich einfach das Rezept: Statt Hirschrücken gibt es nun eben zartes Rinderfilet. Die Rinderfiletmedaillons würze ich mit Salz und Pfeffer und brate sie von beiden Seiten in der Pfanne in Öl an und lasse sie danach im (auf 140 Grad vorgeheizten) Ofen fünf Minuten garen. Für die Sauce koche ich den Rinder- statt Wildfond mit Bordeaux und Kirschsaft ein, bis alles eingedickt ist. Dann gebe ich die Kirschen dazu, lasse sie kurz mitgaren und schmecke mit Salz und Pfeffer ab.

Schnittlauch, Blattpetersilie und Lauchzwiebeln werden fein gehackt und geschnitten, eine halbe Knoblauchzehe geschält und gepresst. Sind die Pfifferlinge geputzt, werden sie in Butter kräftig angebraten, mit Mehl bestäubt und dann mit Sahne abgelöscht. Ich schmecke die Sauce mit Salz, Pfeffer, Kräutern und einem Hauch Knoblauch ab. Zum Servieren schöpfe ich die Pfifferlinge auf die Teller, belege sie mit einem Rinderfiletmedaillon und überziehe alles mit Kirschen und Sauce.

Als Beilage passen Thymian-Klosternudeln besonders gut dazu. Dafür 300 g gekochte Kartoffeln vom Vortag durch die Presse drücken und mit einem Ei und zwei Esslöffeln Mehl gut vermengen. Thymianblättchen (von einem halben Bund) zur Masse zugeben und alles mit Salz, Pfeffer und frisch geriebenem Muskat abschmecken. Mit Hilfe eines Esslöffels aus der Masse Nocken abstechen und in siedendem Salzwasser garen, bis sie an der Oberfläche schwimmen. Die Nocken im Sieb abtropfen und abkühlen lassen. Vor dem Servieren die Klosternudeln in Butter goldgelb braten.

Fotos: Angelika Sauerer

WAS MAN BRAUCHT
(für 2 Personen bei großem Hunger, für 4 – 5 Personen als Vorspeise)

- 1 Zwiebel
- 1 – 2 Knoblauchzehen
- 2 – 3 EL Olivenöl
- 250 g rohe, fränkische Bratwürste
- ½ TL grobes Meersalz
- 1 kl. getrocknete Chilischote
- 170 – 180 g Risottoreis (Arborio)
- ⅛ l trockener Weißwein
- 500 – 750 ml Brühe
- 2 kl. Zucchini
- 4 EL geriebenen Parmesan
- Ziegenfrischkäse
- Pfeffer
- Salz

Rezepttipp: Risotto mit Bratwürsten, Zucchini und Ziegenfrischkäse

Würzige Würstel mit Arborio-Reis

Ob mit italienischer oder fränkischer Bratwurst – dieses Risotto schmeckt in jedem Fall.

VON ANGELIKA SAUERER, MZ

Weihnachtslieder und Orgelmusik liegen in der Luft und Bratwurstduft lockt Hungrige an die Würstelstände auf den Christkindlmärkten. Für Fans der würzigen Wurst haben wir hier eine schmackhafte Alternative: Bratwurst-Risotto. Gegessen haben wir es zum ersten Mal in einer Osteria am Hauptplatz von Greve im Herzen des Chianti-Gebiets. „Mangiando, mangiando" hieß das Lokal und der Wirt Salvatore verwendete freilich keine fränkische Bratwurst so wie wir, sondern eine italienische salsiccia. Da es die bei uns im Rohzustand nicht so leicht zu kaufen gibt, haben wir es mit fränkischen Würsten probiert – und es hat noch besser geschmeckt. Eins vorweg: Für den Parboiled-Reis-Onkel aus der Werbung wäre dieses (wie alle anderen Risottorezepte) nichts – denn ein bisschen „klebrig" soll der Reis hier schon werden. Gut geeignet ist die Reissorte „Arborio". Die richtige Konsistenz ist das Schwierigste bei einem Risotto: nicht zu fest, nicht zu flüssig; der Reis muss bissfest sein und darf auf keinen Fall verkochen. Der Rest ist aber ganz einfach: Die fein gehackte Zwiebel in Olivenöl glasig werden lassen, fein geschnittenen Knoblauch zugeben, etwas später das Innere der gehäuteten Bratwürste. Das rohe Brät während des Anbratens mit einer Gabel und einem Kochlöffel zerkleinern. Mit einer in etwas Meersalz zerstoßenen Chilischote würzen. Dann den Reis zugeben und unter ständigem Rühren glasig werden lassen. Mit Weißwein ablöschen, wenn dieser ganz aufgenommen wurde, mit heißer Suppe aufgießen. Ohne Deckel leicht köcheln lassen, oft umrühren, immer wieder mal Suppe nachgießen. Es sollte ständig so viel Flüssigkeit im Topf sein, dass der Reis knapp bedeckt ist. Vorsicht: Brennt leicht an! Die Zucchini längs vierteln, die Kerne entfernen und in Scheiben schneiden, nach knapp zehn Minuten Kochzeit dem Risotto beifügen. Weitere fünf bis zehn Minuten weiterköcheln lassen, dabei oft umrühren, gegebenenfalls Suppe nachgießen. Hat das Gericht die gewünschte Konsistenz, vom Herd nehmen, wenn nötig nachwürzen. Den geriebenen Parmesan unterrühren. Wenn es jetzt doch zu pampig wird, nochmal etwas Suppe angießen. Dann den Deckel schließen und rund fünf Minuten ziehen lassen.

Auf Tellern anrichten, den Ziegenfrischkäse mit dem Löffel verteilen und mit grob gemahlenem, schwarzen Pfeffer bestreuen. Guten Appetit!

Fotos: Isolde Stöcker-Gietl

WAS MAN BRAUCHT (für 8 Portionen)

Rezept für eine große Auflaufform:
- 8 Schweineschnitzel (je ca. 125 g)
- 4 Scheiben gekochten Schinken
- 1 Camembert (125 g)
- 8 TL Preiselbeerdessert
- 1 Glas Champignons in Scheiben
- Salz, Pfeffer
- Mehl
- Olivenöl

Für die Sauce:
- 20 g Butter
- 15 g Mehl
- 1 Becher Sahne
- 125 ml Fleischbrühe
- 1 TL mittelscharfen Senf
- Salz, Pfeffer
- Kräuter nach Belieben

Rezepttipp: Ofen-Schnitzel

Schnelle Schnitzel aus dem Ofen

Ein farbenfrohes Gericht für Gäste: Camembert, Preiselbeeren und Schinken geben dem Fleisch eine würzig-süße Note.

VON ISOLDE STÖCKER-GIETL, MZ

Zu Geburtstagen haben wir oft das Haus voller Gäste. Dann werden schon vor dem Termin die Kochbücher gewälzt und Gerichte gesucht, die in großen Mengen gut vorzubereiten sind. Gulasch und Sauerbraten will man schließlich auch nicht jedes Mal anbieten. Im Dr.-Oetker-Kochbuch „Fleisch von A bis Z" stieß ich auf das Rezept für die Schnitzelpfanne. Vor allem die schönen Farben des Gerichts haben mich angesprochen. Die roten Preiselbeeren, die grünen Kräuter, dazu weißer Camembert und rosa Schinken – das sah sehr appetitanregend aus. Und so probierten wir es zur letzten Geburtstagsfeier aus. Die Gäste waren von dem würzig-süßlichen Geschmack, kombiniert mit dem cremigen Käse, sehr angetan, deshalb geben wir diese Empfehlung gerne an die MZ-Leser weiter.

Und so wird es gemacht: Die Schweineschnitzel mit Küchenpapier trocken tupfen, mit Salz und Pfeffer würzen und in Mehl wenden. In einer Pfanne Öl erhitzen und die Schnitzel darin jeweils von beiden Seiten anbraten. Schnitzel aus der Pfanne nehmen und nebeneinander in eine große, flache Auflaufform legen. Die Schinkenscheiben halbieren, den Camembert halbieren und in Scheiben schneiden. Jeweils eine halbe Schinkenscheibe auf ein Schnitzel legen, darüber eine Camembertscheibe. Darauf noch jeweils einen Teelöffel Preiselbeeren setzen. Bis hierhin kann man das Gericht vorbereiten. Den Rest wird erledigt, wenn die Gäste da sind.

Den Backofen auf 180 Grad Ober- und Unterhitze vorheizen. In der Zwischenzeit für die Sauce in einem Topf die Butter zerlassen. Das Mehl unter Rühren so lange darin erhitzen, bis es hellgelb ist. Sahne oder fettreduzierte Kochsahne sowie die Brühe nach und nach zum Mehl gießen und kräftig mit dem Schneebesen rühren, sodass keine Klümpchen entstehen. Die Sauce zum Kochen bringen und etwa fünf Minuten köcheln lassen. Gelegentlich umrühren. Den Senf unter die Sauce mengen und mit Salz und Pfeffer abschmecken. Die Champignons in ein Sieb gießen und abtropfen lassen. Anschließend über die belegten Schnitzel verteilen. Zum Schluss die Sauce darübergießen und die Auflaufform in den vorgeheizten Backofen schieben. Die Schnitzel etwa 20 Minuten garen. Vor dem Servieren mit Kräutern (Petersilie, Basilikum oder Rosmarin) bestreuen. Zur Schnitzelpfanne schmecken Salzkartoffeln. Reichen Sie bei Tisch das Glas mit Preiselbeeren zum Nachsüßen dazu.

Fotos: Daniel Haslsteiner

WAS MAN BRAUCHT (für 4 Personen)

Für die Knödel:
- 500 g Knödelbrot
- circa 500 ml Milch (je nach Konsistenz des Knödelbrots)
- 6 Eier
- 2 EL Petersilie
- 1 Prise Muskat
- 1 Prise Salz
- 1 Prise schwarzen Pfeffer

Für die Schwammerln:
- 2 EL Öl
- 1 Zwiebel
- 50 g kalte Butter
- 600 g frische und geputzte Pilze wie Steinpilze, Rotkappen, Maronenröhrlinge oder Pfifferlinge am besten gemischt)
- 400 ml Gemüsebrühe
- 1 Prise Salz
- 1 Prise schwarzen Pfeffer
- 1 EL frische Petersilie
- 1 – 2 Lorbeerblätter
- 200 g Sahne
- 2 EL Zitronensaft
- 1 TL Speisestärke

Rezepttipp: Rahmschwammerl mit Semmelknödeln

Ein cremiger Schwammerlgenuss

Schwammerlzeit im Bayerischen Wald: Rahmschwammerl mit Semmelknödeln sind eine echte Köstlichkeit und eine typische Spezialität des Landstrichs.

VON DANIEL HASLSTEINER, MZ

Spätestens ab Ende August brodelt und köchelt es im Bayerischen Wald. Wenn Maronen, Rotkappen, Steinpilze und Pfifferlinge aus dem Boden sprießen, zieht es die Schwammerlgeher in die Wälder und die Pilze in die Töpfe und Pfannen. Aus den frischen Pilzen lässt sich eine Vielzahl an Gerichten zubereiten. Wir entscheiden uns für Rahmschwammerl mit Semmelknödeln.

Zuerst bereiten wir die Knödel vor. Dazu geben wir die Milch, die Eier, zwei Esslöffel Petersilie sowie je eine Prise Salz und Pfeffer in einen Topf und reiben etwas Muskat darüber. Die Menge an Milch ist abhängig von der Konsistenz des Knödelbrots. Ist es trocken, empfiehlt sich etwas mehr, ist es noch weich, etwas weniger Milch. Das Ganze wird bei kleiner Flamme erhitzt und dabei ständig verrührt, bis es fingerwarm ist. Danach wird die Masse gleichmäßig über das Knödelbrot gegossen. Das muss nun gut zehn Minuten bedeckt quellen und wird dann geknetet.

Für die Rahmschwammerl braucht es zwei Pfannen. Eine für die RahmSauce, die andere zum Braten der Pilze. Für die Sauce wird die Zwiebel fein gewürfelt und in einer geölten Pfanne gedünstet, bis sie glasig ist. Nun wird sie mit der heißen Gemüsebrühe abgelöscht. Wir geben die Lorbeerblätter zu und lassen alles bei kleiner Hitze 20 Minuten ziehen. Inzwischen formen wir mit feuchten Händen aus der Knödelmasse unsere Knödel, die nun in heißes, jedoch nicht sprudelnd kochendes Wasser eingelegt werden und dann 20 Minuten ziehen, bis sie gar sind.

Nun gilt es, die geputzten und geschnittenen Pilze in der zweiten Pfanne portionsweise anzubraten. Dabei werden sie mit Salz, Pfeffer und Petersilie gewürzt. Wir nehmen die Lorbeerblätter aus der Sauce und geben die Sahne und Speisestärke zu. Unter Rühren muss die Sauce zwei Minuten leicht köcheln. Anschließend wird sie mit dem Stabmixer aufgeschlagen und durch ein Sieb gegossen. Wir schnippeln die Butter dazu, mischen den Zitronensaft bei und lassen alles abermals leicht köcheln. Schließlich schlagen wir die Sauce noch einmal mit dem Mixer auf und rühren die angebratenen Pilze unter. Rahmschwammerl und die Knödel richten wir nun auf Tellern an, dekorieren alles mit etwas Petersilie und genießen unser cremiges Schwammerlmahl.

Fotos: Inge Passian

WAS MAN BRAUCHT (für 4 Personen)

- 400 – 500 g Spaghetti (frisch)
- 500 g Kürbis (Hokkaido-, Muskat oder Butternusskürbis)
- 2 Knoblauchzehen
- Blätter von 6 – 8 Stielen Minze (wahlweise auch ca. 30 g Rucola, je nach Geschmack)
- 40 g Pistazienkerne
- 40 g Pinienkerne
- 80 ml gutes Olivenöl
- 2 cl alten Aceto Balsamico (oder Balsamico Glace)
- 60 g würzigen Parmesan

Spaghetti mit Kürbis und Minze

Dieses Rezept macht uns die kalte Jahreszeit schmackhaft. Parmesan, Pinienkerne und edler Balsamico runden das Geschmackserlebnis ab.

VON PETER PASSIAN, MZ

Es ist Winter. Die Nächte sind kalt und ungemütlich und die Tage viel zu kurz. Und zu allem Überdruss hat es die Sonne immer schwerer, sich gegen die dicken Nebelschichten zu behaupten. Das drückt auf die Laune. Der Winterblues gehört bei vielen zur kalten Jahreszeit dazu. Dabei kann eine erhöhte Vitaminzufuhr dem Stimmungstief entgegenwirken. Kürbisse kommen da wie gerufen, denn die orangefarbenen Kugeln sind wahre Vitaminbomben. Außerdem liefern sie viele wichtige Mineralstoffe und sättigende Ballaststoffe. Obendrein schmecken sie auch noch lecker und sind so vielfältig wie kaum ein anderes Gemüse. Es gibt sie als Suppe, als Püree, als Chutney und sogar als Marmelade. Oder – wie in diesem Rezept – mediterran zu Spaghetti, vereint mit dem Aroma von Balsamico, Parmesan und frischer Minze.

Und so wird's gemacht: Zunächst wird der Kürbis geschält und in Viertel geschnitten. Anschließend mit einem Löffel die Kerne ausschaben. In Achtel geschnitten kann der Kürbis dann mit dem Gemüsehobel in dünne Streifen gehobelt werden. Den Knoblauch nun in dünne Scheiben schneiden und die Minzblätter abzupfen und grob hacken. Der würzige Parmesan wird hauchdünn gehobelt.

Dann werden die Pinien- und Pistazienkerne in einer Pfanne hellbraun angeröstet. Die Spaghetti in einem großen Topf mit reichlich Salzwasser kochen – al dente, versteht sich. Wichtig: Bevor die Nudeln abgegossen werden, zwei Schöpfer Nudelwasser abnehmen und beiseitestellen. Sollten die Nudeln später, wenn sie mit dem Kürbis vermischt werden, etwas trocken sein, kann ein bisschen Flüssigkeit dazugegeben werden.

Im Nudeltopf werden nun 60 ml Olivenöl erhitzt. Den Knoblauch darin glasig anschwitzen und dann die Kürbisstreifen etwa zwei Minuten lang mitschwenken. Mit Salz und Pfeffer abschmecken. Nun kommen die Spaghetti zurück in den Topf und der Kürbis wird untergemischt. Jetzt nur noch die Pasta auf den Tellern anrichten, mit altem Balsamico beträufeln, Minze, Käse und geröstete Kerne darüberstreuen. Das restliche Olivenöl kann auch noch über die Nudeln geträufelt werden.

Fotos: Isolde Stöcker-Gietl

WAS MAN BRAUCHT (für 8 – 10 Portionen)

Für das Fleisch:
- ca. 3½ kg Rippchen (Spareribs)
- ca. 200 ml Apfelsaft

Für die trockene Marinade:
- 3 EL grobes Meersalz
- 3 EL Paprikapulver, edelsüß
- 2 EL Braunen Zucker
- 2 TL Zwiebelpulver
- 1 TL Knoblauchpulver
- 1 TL Piment, gemahlen
- 1 TL schwarzen Pfeffer, gemahlen
- ¼ TL Muskat, gerieben
- ½ TL Zimtpulver

Für die Glasur:
- ca. 250 ml Tomatenketchup
- 3 EL Braunen Zucker
- 2 gehäufte EL Honig
- 2 EL Essig (z. B. Balsamico)
- 2 EL Senf
- 2 EL Zitronensaft
- 2 EL Worcestershiresauce
- 2 TL Zwiebelpulver
- etwas Knoblauchpulver
- 1 TL Meersalz
- 1 TL schwarzen Pfeffer, gemahlen
- für mehr Schärfe nach Geschmack zusätzlich ½ TL Cayennepfeffer

Rezepttipp: Spareribs

Würzige Spareribs aus dem Ofen

Diese Rippchen werden zweifach mariniert und braten vier Stunden langsam vor sich hin. Danach fällt das Fleisch fast vom Knochen.

VON ISOLDE STÖCKER-GIETL, MZ

Sparerib ist das englische Wort für Schälrippchen und bezeichnet im ursprünglichen Sinn nur die Rippen aus dem Schweinebauch. Zusammen mit Pulled Pork und Beef Brisket bilden die Spareribs die Holy Trinity (Heilige Dreifaltigkeit) des Barbecues nach nordamerikanischem Vorbild. Wer Ripperl vom Grill servieren will, der braucht dazu Geduld. Denn das Fleisch muss beobachtet werden. Etwas entspannter ist diese Variante aus dem Backofen. Zugegebenermaßen fehlt dann zwar das Raucharoma, was die süß-würzige Honigglasur aber wettmacht.

Die Spareribs besorgt man sich bereits am Tag, bevor die Gäste kommen. Denn sie verbringen eine Nacht in einer Gewürzmarinade. Dazu werden Meersalz, Paprika, brauner Zucker, Zwiebel- und Knoblauchpulver, Piment, Pfeffer, Muskat und Zimt vermengt und die Rippchen damit eingerieben. Kühl stellen. Am nächsten Tag wird das Fleisch auf Backbleche gelegt und mit etwas Apfelsaft angegossen. Den Backofen auf circa 130 Grad einstellen und die Rippchen langsam braten lassen (insgesamt rund vier Stunden). In der Zwischenzeit die Glasur aus Tomatenketchup, braunem Zucker, Honig, Essig und den Gewürzen in einem Topf etwa 20 Minuten leicht köcheln lassen. Abschmecken. Die Glasur sollte einen süß-würzigen Geschmack haben. Nach circa 3 Stunden Bratzeit die Rippchen auf einer Seite mit der Glasur einpinseln. Nach 30 Minuten wenden, die andere Seite einstreichen und die Glasur einbraten lassen. Die fertigen Rippchen fallen beim Servieren förmlich vom Knochen.

Fotos: Gaby Wörnlein

WAS MAN BRAUCHT (für circa 4 Portionen)

Für den Stand und als Einlage:
- 1 kg Schweineschulter mit Schwarte
- 2 Spitzbeine oder Schweinefüße, dazu etwas Schwarte

Für den Sud:
- 2½ l Wasser
- 5 TL Salz
- 8 EL Essigessenz
- 3 – 4 Lorbeerblätter
- 10 Wacholderbeeren
- 1 TL schwarze Pfefferkörner
- 3 Zwiebeln, geviertelt

Für die Dekoration:
- 2 gehackte Zwiebeln
- 2 Tomaten
- 2 Gurken
- 2 Eier
- Petersilie (alles nach Geschmack)

Als Beilage:
- frische Bratkartoffeln oder
- frisches Bauernbrot

Rezepttipp: Hausgemachte Sulz

Hausgemacht schmeckt sie perfekt

An lauen Sommerabenden ist eine Sulz zur Brotzeit einfach unverzichtbar. Selbermachen ist leichter als man denkt.

VON FRITZ WINTER, MZ

Manchmal muss es einfach sein: Der strahlende Sommertag geht – der Appetit kommt. Im Biergarten bestellen wir bei der Kellnerin zum frischen Hellen eine hausgemachte Sulz oder wir kaufen sie nach Feierabend bei der Metzgerei unseres Vertrauens. Dabei kann man manche Überraschung erleben – vor allem in Form von Gelatine, die nun wirklich nicht in eine der Leibspeisen des bayerischen Genussmenschen gehört.

Deshalb besinnen wir uns auf das bewährte Hausrezept unserer Großmutter und machen unsere Sulz selber. Das ist gar keine Hexerei, wenn man ein paar Grundregeln befolgt. Das fängt bei der Auswahl des Fleisches an und hört beim richtigen Abwürzen des Sudes noch nicht auf. Zunächst entscheiden wir, ob wir eine Fleischsulz oder eine Bratensulz zaubern wollen – es kommt nur eine Fleischsulz in Frage, da vom sonntäglichen Schweinsbraten überhaupt nichts übrig geblieben ist. Für vier Personen brauchen wir etwa ein Kilo Schweineschulter mit schöner Schwarte, zwei Spitzbeine bzw. zwei Schweinefüße und dann fragen wir die Metzgereiverkäuferin, ob sie uns nicht noch ein Stück Schwarte dreingeben könnte.

Zuhause wird der Sud aufgesetzt. Schulter, Spitzbeine und Schwarte werden mit rund zweieinhalb Litern Wasser bedeckt. Man würzt mit fünf Teelöffeln Salz, acht Esslöffeln Essigessenz, drei bis vier Lorbeerblättern, zehn Wacholderbeeren, einem Teelöffel schwarzer Pfefferkörner, drei geviertelten Zwiebeln und kocht das Ganze rund zwei Stunden. Keine Sorge: Der Sud muss deutlich zu sauer schmecken – das lässt später erheblich nach.

Das Fleisch wird aus dem Sud genommen und kühl gestellt. Den Sud abseihen, das Fleisch in Scheiben schneiden, in Suppenteller geben, mit dem Sud begießen und kühl stellen. Die ausgekochten Spitzbeine und die Schwarte sorgen dafür, dass sich auch ohne Gelatine ein schöner „Zitterer" bildet.

Nicht in den Teller gehören zunächst Eier, Karotten oder Petersilie. Dafür schneidet man Zwiebeln in kleine Würfel, hartgekochte Eier oder Tomaten in Scheiben und serviert sie nach Geschmack mit der kalten Sulz und einer frischen Scheibe Bauernbrot. Und wer es mag: Schön resche Bratkartoffeln passen auch ausgezeichnet zu unserer Leibspeise.

Fotos: Siegfried Knipl

WAS MAN BRAUCHT (für 4 Personen)

Für den Tafelspitz:
- 1 kg Tafelspitz
- je 1 Karotte
- Staudensellerie
- Lauch
- 1 Stück Knollensellerie
- 1 gebräunte Zwiebel
- 1 kg Rinderknochen
- frischen Meerrettich und etwas Schnittlauch

Für die Bratkartoffeln:
- 8 Kartoffeln
- 1 kl. rote Zwiebel
- Kümmel
- Salz und Pfeffer
- Öl
- etwas gehackte Petersilie

Für die Roten Beten:
- 4 kleine Rote Beten
- 30ml Rotweinessig
- 1 Schalotte
- Salz, Zucker
- grobes Meersalz

Für den Salat:
- 4 Romanaherzen
- je 2 EL fein gewürfelte Karotte, Lauch, Schalotte und Staudensellerie
- 1 EL geräucherten durchwachsenen Speck
- 1 TL Butter

Außerdem:
- 100 g Schmand
- ½ Zitrone
- Salz, Pfeffer
- etwas Schnittlauch und Petersilie, fein gehackt

Rezepttipp: Tafelspitz

Die Leibspeise von Kaiser Franz Joseph

Tafelspitz ist eines der traditionellsten Gerichte aus der Wiener k.u.k.-Zeit. Dazu schmeckt uns ein Salat aus dem Backofen.

VON SIEGFRIED KNIPL, MZ

Das Tolle an diesem Rezept ist, neben der einfachen Zubereitung, die Vielfalt, die dieses Gericht bietet. Die unterschiedlichen Beilagen und ein schönes Stück Fleisch regionaler Herkunft garantieren ehrlichen Genuss.

Die Rinderbrühe machen wir selbst. Hierfür die Knochen ein paar Stunden wässern und dabei das Wasser zwei- bis dreimal wechseln. Die Rinderknochen und das Fleisch (am besten eignet sich das dicke Bugstück) fünf Minuten blanchieren und kalt abspülen. Die Knochen in Wasser zum Kochen bringen. Nur leicht salzen, den Tafelspitz hineinlegen und 2,5 Stunden köcheln lassen. Aufsteigenden Schaum abschöpfen. In der Zwischenzeit vier Zwiebelhälften in einer Pfanne ohne Fett anbraten. Die Zwiebeln dürfen ruhig braun werden, denn das macht ein schönes Röstaroma. Nach einer Stunde das Suppengemüse und die gebräunten Zwiebeln zum Tafelspitz geben. Jetzt geht es an die Beilagen. Den Boden einer feuerfesten Form mit dem groben Meersalz bedecken. Die ungeschälten Roten Beten daraufsetzen und im Backofen bei 180 Grad backen, bis sie gar sind (eine Stunde). Danach etwas abkühlen lassen, schälen und in Scheiben schneiden. Die Roten Beten mit der Vinaigrette aus Essig, Salz, Zucker, Schalotte, Schnittlauch und 75 ml Brühe vom Tafelspitz marinieren. Für die röschen Bratkartoffeln die Kartoffeln (festkochend) im Salz-Kümmel-Wasser kochen, nach dem Abkühlen schälen und in Scheiben schneiden. Erst kurz vor dem Servieren die Kartoffelscheiben in einer Pfanne im Schmalz goldgelb anbraten.

Zum Schluss die rote Zwiebel zugeben, würzen und mit der gehackten Petersilie bestreuen. Der Salat aus dem Backofen ist unsere neueste Rezeptentdeckung: Speck- und Gemüsewürfel in einer Pfanne mit etwas Butter anbraten und in eine feuerfesten Form umfüllen. Die halbierten Romana-Salatherzen (ohne Strunk) daraufsetzen und für circa 25 Minuten bei 160 Grad im Backofen schmoren lassen. Dabei immer wieder mit etwas Tafelspitzbrühe übergießen. Das Tafelspitzfleisch aus der Brühe heben und etwas ruhen lassen. Der Schnittlauchschmand ist schnell gezaubert: 100 g Schmand mit dem Saft der 1/2 Zitrone, den Schnittlauchringen und der Petersilie vermischen und mit Salz und Pfeffer würzen. Die Beilagen auf einem vorgewärmten Teller platzieren, Tafelspitzscheiben mit etwas Brühe übergießen und mit frisch geriebenem Meerrettich servieren.

Fotos: Inge Passian

WAS MAN BRAUCHT (für 3 – 4 Personen)

Für das Fleisch:
- 1,2 kg T-Bone-Steak vom Oberpfälzer Roten Höhenvieh, zu beziehen
- Knoblauchpaste
- Salz
- frischen Pfeffer

Für die Beilagen:
- Ofengemüse
- Weißbrot

Rezepttipp: T-Bone-Steak

Innen rosig, außen Röststreifen

Deas T-Bone-Steak vom Roten Höhenvieh aus der Oberpfalz gart lange und sanft, grillt kurz und heftig – und schmeckt danach himmlisch saftig.

VON PETER PASSIAN, MZ

Ein 1,2 kg T-Bone-Steak vom Grill – geht das überhaupt? Im Buch „Die hohe Schule des Grillens" verrät Grillexperte Andreas Rummel, dass man dazu das Fleisch zunächst sanft auf Temperatur bringt und dann zum Abschluss auf dem heißen Grill die leckeren Röstaromen erzeugt. „Branding" nennt man das dann. Beim Fleisch haben wir etwas Besonderes ausprobiert: Rotes Höhenvieh – eine in Vergessenheit geratene Rinderrasse, die früher als Zug-, Last-, Fleisch- und Milchvieh genutzt wurde. Im Rahmen von Naturschutzprojekten wird das Rotvieh unter anderem in der Oberpfalz wieder gezüchtet.

Wir nehmen das Steak, vom Metzger noch in Vakuum verpackt, 2 – 3 Stunden vor dem Grillen aus dem Kühlschrank, um es zunächst auf Zimmertemperatur zu bringen. Für den sanften Garvorgang heizen wir den Grill (ein Kugelgrill oder Gasgrill mit Haube) nur halbseitig und nicht zu heiß an (circa 100 Grad im geschlossenen Innenraum). Dann nehmen wir das Fleisch aus dem Vakuumbeutel, würzen es mit reichlich Salz und Knoblauchpaste nach Belieben und legen es auf die nicht angeheizte Seite des Grills. Auf diese Weise gart es indirekt, bis die Kerntemperatur im Fleisch 53 – 55 Grad erreicht hat. Das dauert bei der Größe unseres Steaks etwa eine Stunde. Die Kerntemperatur überwacht man am besten mit einem Bratthermometer. Ich habe unserem Holzkohlegrill nicht ganz zugetraut, die Temperatur so lange zu halten. Daher habe ich das Steak noch im Vakuumbeutel vorher für 30 Minuten in den auf 100 Grad vorgeheizten Backofen gelegt.

Nach dem ersten sanften Grillen nehmen wir das Fleisch vom Grill, packen es in Alufolie und heizen den Grill auf maximale Hitze. Das Fleisch wieder auf den Rost legen und auf beiden Seiten kurz (eine Minute pro Seite) grillen, bis sich typische Röststreifen gebildet haben. Das Steak vom Grill nehmen, für fünf Minuten an einem warmen Ort nicht zugedeckt ruhen lassen. Dann vom Knochen lösen, in fingerdicke Scheiben schneiden und nach Gusto mit Salz und Pfeffer würzen. Dazu passt mediterranes Ofengemüse. Wir genießen und sind uns einig: Das Steak vom Oberpfälzer Roten Höhenvieh, rosa und saftig gegart, ist eines der besten Rindersteaks, das wir je gegessen haben.

Fotos: Monika Pöllmann

WAS MAN BRAUCHT

Für den Teig:
- 250 g Mehl
- 125 g Zucker
- 1 Ei
- 100 g Margarine oder Butter

Für den Belag:
- 7 – 8 saure Äpfel
- Saft von einer Zitrone
- 150 g Margarine oder Butter
- 125 g Zucker
- 1 Ei
- Schale von einer ungespritzten Zitrone
- 100 g Mehl
- ¼ Liter süße Sahne

Zum Bestreuen:
- 1 EL Zucker
- 100 g Mandeln

Backzeit:
Elektroherd: 55 – 65 Min. bei 175 – 200 °C
Gasherd: 55 – 65 Min. auf Stufe 2 – 3

Rezepttipp: Apfel-Sahne-Torte

Wie ein frischer Apfel

Apfel-Sahne-Torte: Genuss nicht nur zur Erntezeit. Einfach gemacht und umwerfend im Geschmack

VON MONIKA PÖLLMANN, MZ

Apfelkuchenliebhaber kommen im Herbst voll auf ihre Kosten. Ob als Blechkuchen mit Hefeteig oder elegant eingewickelt im Strudelteig, als Apfel-Käsekuchen oder als klassische Apfeltorte – die süße Kuchenvielfalt kennt kaum Grenzen. Auf der ganzen Welt soll es mehr als 20.000 Apfelsorten geben, sagen Experten. Und wahrscheinlich hundertmal mehr Rezepte für köstliche Apfelkuchen. Doch der leckerste von allen ist die Apfel-Sahne-Torte – einfach in der Zubereitung, umwerfend im Geschmack. Das Gute: Wer Appetit auf die Torte hat, bekommt sie meistens auch, denn die Zutaten sind in jedem Haushalt vorhanden.

Rund eine Stunde muss man für alle vorbereitenden Arbeiten einplanen, ehe der Kuchen ins Backrohr geschoben werden kann. Aus den Teigzutaten wird zunächst der Mürbteig geknetet. Anschließend gönnen wir ihm etwas Ruhe und stellen ihn 30 Minuten kalt. Zwei Drittel des Teigs werden auf dem Boden einer Springform ausgerollt. Der restliche Teig muss etwa drei Zentimeter am Formenrand hinaufgezogen werden.

Der Belag ist selbst für Ungeübte einfach zu machen. Die geschälten Äpfel werden geviertelt, vom Kerngehäuse befreit und mit Zitronensaft beträufelt. Die Apfelstücke werden kranzförmig dicht nebeneinander auf den Mürbteig in die Springform gelegt. Dann das Fett, den Zucker, das Ei und die abgeriebene Zitronenschale schaumig rühren. Das Mehl hinzufügen und kurz unterrühren; anschließend die Sahne steif schlagen und unter den Teig heben.

Diese Masse wird auf die Äpfel gegeben und gleichmäßig verteilt. Anschließend den Belag nur noch mit Zucker und Mandeln bestreuen. Jetzt ist die Arbeit getan: Der Kuchen kann in den vorgeheizten Backofen geschoben werden. Nach dem Backen die Apfel-Sahne-Torte in jedem Fall in der Form erkalten lassen, da sie sonst leicht bricht.

Guten Appetit!

Fotos: Monika Pöllmann

WAS MAN BRAUCHT (für eine Springform Ø 28 cm)

Für den Biskuitboden:
- 3 Eier (getrennt)
- 1 Prise Salz
- 3 – 4 EL warmes Wasser
- 150 g Zucker
- 1 Pck. Vanillezucker
- 100 g Mehl
- 100 g Stärkemehl
- 3 gestr. TL Backpulver

Für die Creme:
- 300 g Pfirsiche (drei normal große Früchte)
- 1 Pck. Puddingpulver (Sahnegeschmack)
- 1 EL Stärkemehl
- ¼ Liter Sekt oder Prosecco (alternativ 1 Piccolo plus 50 ml Wasser)
- 2 EL Zucker
- 250 g Schlagsahne

Für den Belag:
- 4 Pfirsiche
- 4 EL Zucker
- 1 Pck. Tortenguss rot
- 1 Pck. Tortenguss weiß

Rezepttipp: Bellini-Torte

Venezianer-Cocktail in einer Torte

Prosecco und Pfirsichpüree gemixt: Das verleiht der Bellini-Torte ihren besonderen Geschmack – ein prickelndes Frischeerlebnis für warme Tage.

VON MONIKA PÖLLMANN

Bellini: Bei diesem Namen denkt man an Malerei – und an einen der Lieblingscocktails der Venezianer: Mit Prosecco und püriertem Pfirsich zubereitet, sorgt er für eine besonders frische Note. Genauso wie die Bellini-Torte.

Die Zubereitung der Torte ist relativ einfach: Für den Biskuitteig Eiweiß und Salz steif schlagen. Eigelb, warmes Wasser, Zucker und Vanillezucker so lange schlagen, bis eine cremeartige Masse entstanden ist. Mehl und Stärkemehl mischen und auf die Eigelb-Creme sieben. Mit einem Schneebesen das Mehl und den Eischnee locker unterheben. Den Boden einer Springform mit Backpapier auslegen. Den Biskuitteig darin verstreichen und im vorgeheizten Backofen bei 175 Grad (Ober-/Unterhitze) circa 25 Minuten backen. Herausnehmen und abkühlen lassen. Backpapier abziehen.

Für die Creme die 300 g Pfirsiche (entspricht 3 normal großen Früchten) mit kochendem Wasser überbrühen. Die Haut abziehen und das Fruchtfleisch vom Stein schneiden. 250 g Fruchtfleisch abwiegen und mit dem Stabmixer pürieren. Puddingpulver, Stärke und 6 EL Prosecco verrühren. Jetzt den restlichen Prosecco (oder Piccolo plus Wasser) mit dem Pfirsichpüree und dem Zucker aufkochen. Das angerührte Puddingpulver unter Rühren in die Mischung gießen und nochmals aufkochen lassen. Creme erkalten lassen. Sahne steif schlagen und unter den abgekühlten Pfirsichpudding heben. Einen Tortenring um den Biskuitboden legen und die Pfirsichcreme auf den Boden streichen.

Die vier Pfirsiche gründlich waschen, entsteinen und in Spalten schneiden. Pfirsichspalten auf die Creme legen. Nach Packungsanweisung aus beiden Tortengussbeuteln den Tortenguss herstellen und über die Pfirsiche geben. Wer mag, kann den Tortenguss anstatt mit Wasser auch mit Sekt oder Sekt mit Wasser verdünnt herstellen. Die Torte sollte mindestens einen halben Tag, besser über Nacht, im Kühlschrank gut durchkühlen. Tipp: Das doppelte Rezept eignet sich auch für ein ganzes Backblech. Wenn Kinder mitessen, kann der Prosecco problemlos durch Pfirsichsaft ersetzt werden. Guten Appetit!

Fotos: Isolde Stöcker-Gietl

WAS MAN BRAUCHT (für ein Backblech)

Für den Teig:
- 1 Becher Buttermilch (500 ml)
- 1½ – 2 Tassen Zucker (ca. 200 g)
- 4 Tassen Mehl (ca. 400 g)
- 1 Pck. Backpulver
- 4 Eier
- 1 Pck. Vanillezucker

Für den Belag:
- 1 Tasse Kokosraspeln
- 100 g Mandelblättchen
- 1 Tasse Zucker
- 2 Becher Sahne

Tipp:
Als Maßeinheit verwendet man eine kleine Kaffeetasse. Der Kuchen kann gut eingefroren werden.

Rezepttipp: Buttermilch-Kokoskuchen

Kuchen für Überraschungsgäste

Der Buttermilch-Kokoskuchen schmeckt fast wie Bienenstich. Doch die Zubereitung geht viel schneller – mit nur einer Tasse und einer Schüssel.

VON ISOLDE STÖCKER-GIETL, MZ

Manchmal muss es einfach schnell gehen. Wenn sich überraschend Besuch angesagt hat, dann bleibt keine Zeit für aufwendige Torten, die stundenlang der Kühlung bedürfen. Der Buttermilch-Kokoskuchen ist in so einem Moment die richtige Wahl. Er schmeckt ein bisschen wie Bienenstich – und das ganz ohne Buttercremefüllung und in Honig eingekochter Mandelmasse. Bei diesem Tassenkuchen braucht man eigentlich nicht mehr als eine große Schüssel, eine Kaffeetasse zum Abmessen und ein paar wenige Zutaten. Dann wird nur noch zusammengemischt, bestreut – und schon geht es ab in den Ofen. Der Clou folgt nach dem Backen: Zwei Becher flüssige Sahne machen den Kuchen wunderbar saftig. Wetten, dass Sie den Kuchen noch lauwarm anschneiden, weil sie es nicht erwarten können, ihn zu probieren?

Und so wird der Buttermilch-Kokoskuchen hergestellt: Einen Becher Buttermilch in eine große Schüssel gießen. Mit dem Zucker verrühren. Wer es nicht ganz so süß mag, der nimmt nur eineinhalb Tassen davon. Mehl, Backpulver, die Eier und den Vanillezucker dazugeben und mit dem Handrührgerät zu einer glatten Masse verarbeiten. Den Teig auf ein vorbereitetes Backblech streichen. In einer Schüssel die Kokosraspeln mit den Mandelblättchen und einer Tasse Zucker vermengen. Wer mag, kann auch auf die Mandelblättchen verzichten und stattdessen zwei Tassen Kokosflocken verwenden. Die Nussmischung gleichmäßig verteilen und den Kuchen für rund 30 – 40 Minuten bei 150 Grad ins Backrohr schieben. Wenn er eine goldgelbe Farbe hat, holt man ihn aus dem Ofen. Den noch heißen Kuchen sofort gleichmäßig mit zwei Bechern Sahne übergießen und gut durchziehen lassen. Der Kuchen schmeckt auch lauwarm.

Hier noch einige Tipps, wie man den Buttermilch-Kokoskuchen abwandeln kann: Wer es fruchtig mag, kann den Teig vor dem Backen mit Mandarinen aus der Dose, frischen Johannisbeeren oder einem Glas abgetropften Kirschen belegen. Die Kokosmasse wird dann über die Früchte gestreut. Wer „Bounty" mag, der besprenkelt den Kuchen nach dem Backen und Tränken noch mit Schokoladenkuvertüre.

Fotos: Angelika Sauerer

WAS MAN BRAUCHT (für 4 – 6 Schälchen)

- 300 ml Milch
- 200 ml Sahne
- 1 Vanilleschote
- abgeriebene Schale einer ½ Zitrone
- abgeriebene Schale einer ½ Orange
- 5 Eigelb
- 75 g Zucker
- 50 g Maisstärke
- 6 EL Braunen Zucker

Rezepttipp: Crema Catalana

Die sonnige Creme aus Katalonien

Die Crema Catalana ist das beste Beispiel dafür, wie gut etwas ganz Einfaches schmecken kann.

VON ANGELIKA SAUERER, MZ

Oft sind es die unkomplizierten Dinge, die überzeugen: Ei, Milch, Zitrone, Zucker, Stärke – das ist die kurze Formel, aus der mit wenig Aufwand eine der besten Nachspeisen entsteht. Die Crema Catalana ist verwandt mit der französischen Crème brûlée und wurde angeblich bereits im Mittelalter aufgetischt. Man nennt sie auch Crema cremada – gebrannte Creme. Die dünne Karamellschicht ergänzt die geschmeidige, kühle Creme mit einem süß-herben, warmen Knuspern. Wir haben in unserem Rezept die Milch mit Sahne angereichert und mit den sonnigen Aromen von Orangen- und Zitronenschalen sowie Vanille abgeschmeckt. Waschechte Katalanen würden wahrscheinlich Zimt dazutun, wir mögen aber lieber Vanille.

Die Milch mit der Sahne in einen Topf füllen. Die Vanilleschote längs einschneiden, das Mark auskratzen und mitsamt der Schote in die Sahnemilch geben. Die Schale einer Zitrone und einer Orange jeweils halb abreiben und einrühren. Das Ganze einmal aufkochen lassen, vom Herd nehmen und eine Viertelstunde abkühlen und ziehen lassen. Danach die Vanilleschote entfernen.

Fünf Eigelb mit 75 g Zucker in einer Schüssel mit einem Schneebesen cremig schlagen, dann die Maisstärke unterrühren. Die Eigelbmasse mit der aromatisierten Milchmischung gut vermischen und unter ständigem Rühren mit dem Schneebesen bei mittlerer Hitze erwärmen. Kurz vorm Kochen dickt die Creme etwas ein, das merkt man eigentlich gut. Dann schnell vom Herd nehmen, weiterrühren. Falls die Masse doch noch zu flüssig ist, wieder kurz zurück auf den Herd. Aber Achtung: Die Creme darf auf keinen Fall kochen, sonst stockt das Eigelb. Hier braucht es etwas Geduld und ein wenig Fingerspitzengefühl.

Die noch heiße Creme gleich in feuerfeste Förmchen verteilen und darin auskühlen lassen. Je nach Größe der Förmchen ergibt die angegebene Menge vier bis sechs Portionen. Für mindestens zwei bis drei Stunden kühl stellen. Vor dem Servieren jede Creme mit Rohrzucker bestreuen und den Zucker mit einem Bunsenbrenner karamellisieren. In Katalonien wird traditionell für diesen Vorgang ein heißes, spiralförmiges Eisen verwendet. Aber mit der Flamme geht es genauso gut. Frische Früchte dazu – und genießen.

WAS MAN BRAUCHT (für eine Springform mit Ø 28cm)

Für den Teig:
- 400 g Mehl
- 150 g Zucker
- 1 Ei
- 250 g Butter in Flocken
- 1 EL Zimt

Für die Quarkmasse:
- 1 Becher Quark (500 g)
- 1 Becher Schmand (200 g)
- Saft ½ Zitrone
- 100 g Zucker
- 4 EL Speisestärke
- 4 Eier

Für das Kompott:
- ca. 1½ kg Äpfel
- Saft ½ Zitrone
- 50 – 75 g Marzipan-Rohmasse
- 2 – 3 EL Braunen Zucker

Für die Streusel:
- 4 EL Mehl
- 4 EL Braunen Zucker

Rezepttipp: Bratapfelkuchen

Ein Stück Glück vom Apfelbaum

In diesem Jahr fällt die Ernte reichlich aus: Wie wäre es mit einem Bratapfelkuchen mit Quarkcreme und Zimtstreuseln?

VON ISOLDE STÖCKER-GIETL, MZ

Die Äste an den Apfelbäumen biegen sich in diesem Jahr unter der Last der Früchte. Es wird eine reiche Ernte. Mit Apfelkompott alleine kann man diesen Mengen gar nicht Herr werden. Sollte man auch gar nicht. Dafür gibt es viel zu viele gute Apfelkuchenrezepte. Abgesehen von den Apfelmaultaschen meiner Mutter, schmeckt unserer Familie Apfel-Streuselkuchen am besten, mit viel Zimt im Teig und gerne auch mit einer Quarkfüllung. Alles auf einmal bietet das heutige Rezept, das noch mit Marzipan verfeinert wird. So werden aus den Äpfeln Bratäpfel – auch etwas, was es bei dieser reichen Ernte unbedingt öfter geben sollte ...

Und so wird der Kuchen zubereitet: Für den Teig Mehl, Zucker, Ei, Zimt und weiche Butter zu einem Mürbteig verarbeiten. Den Teig kurz kühlen und dann in drei Portionen teilen. Eine 28 Zentimeter große Springform vorbereiten und mit Backpapier belegen. Ein Drittel des Teiges zu einem Boden andrücken, aus dem zweiten Drittel einen Rand formen. Das restliche Teigdrittel zur Seite stellen. Nun Quark, Schmand, Zitronensaft, Zucker und Stärke verrühren. Vier Eier einzeln unterrühren. Die Quarkmasse auf den Teigboden streichen. Den Kuchen in den auf 175 Grad (150 Grad Heißluft) vorgeheizten Backofen geben und circa 30 Minuten backen.

In der Zwischenzeit die Äpfel schälen, halbieren, entkernen und in Spalten schneiden. In einer Pfanne etwas Butterschmalz erhitzen. Die Äpfel dazugeben und mit dem Saft einer halben Zitrone beträufeln. Das Marzipan zu den Äpfeln bröseln. Die Äpfel unter gelegentlichem Rühren bei mittlerer Hitze weich dünsten. Mit circa 2 – 3 EL braunem Zucker süßen. Wer mag, kann auch noch einige Rosinen dazugeben. Die Äpfel sollten nach etwa sieben bis zehn Minuten eine kompottähnliche Konsistenz erreicht haben. Zum noch übrigen Teig vier Esslöffel Mehl sowie 4 EL braunen Zucker geben. Streusel formen. Nach 30 Minuten den Kuchen aus dem Backofen holen und das Apfelkompott auf dem Quark verteilen. Die Streusel darübergeben und den Kuchen wieder in den Backofen schieben. Weitere 30 Minuten bei gleicher Temperatur zu Ende backen. Den Kuchen nach dem Backen in der Form abkühlen lassen. Erst danach die Form lösen. Guten Appetit!

Fotos: Monika Pöllmann

WAS MAN BRAUCHT

Für den Mürbteig:
- 250 g Mehl
- 125 g kalte Butter
- 60 g Zucker
- 1 Ei

Für den Gewürzkuchen:
- 3 Eier
- 150 g Zucker
- 150 g Braunen Zucker
- 175 g Butter (zerlassen)
- 270 ml Buttermilch
- 330 g Mehl
- 3 EL Kakao
- 1 TL Natron
- 2 TL Zimt
- 2 TL Ingwer
- 1 gestr. TL Muskat oder Muskatblüte
- 1 gestr. TL Nelken
- ½ TL Anis
- 1 Messerspitze Kardamom
- 1 Messerspitze Chili
- 1 Prise Pfeffer
- 1 Prise Salz
- 75 g backfeste Schokotropfen

Für den Guss:
- 150 g Schokoguss
- 1 EL Nutella, Haselnusskrokant und/oder bunte Zuckerstreusel

Backzeit:
30 Minuten bei 180 Grad

Rezepttipp: Gewürzschnitten

Ein Kuchen, bei dem uns warm wird

Wer glaubt, Gewürzschnitten sind nur etwas für die Weihnachtskaffeetafel, der irrt. In der kalten Jahreszeit bringen die Zutaten den Körper so richtig auf Trab.

VON MONIKA PÖLLMANN, MZ

Ingwer, Zimt, Muskat, Anis, Kardamom oder Chili: Diese Gewürze verbinden viele Menschen ausschließlich mit der Weihnachtszeit. Doch weit gefehlt: Sie sorgen längst nicht nur für den typisch himmlischen Duft in der Küche, sondern sie bringen vor allem den Körper auf Trab. Wer auf Wohlgefühl und Wärme von Kopf bis Fuß steht, sollte Gewürze zum Einsatz bringen. Schon allein aus diesem Grund können die Gewürzschnitten ohne Bedenken bis März serviert werden. Denn so lange dauert in der Regel die kalte Jahreszeit, die Deutschland zumindest teilweise im Griff hat.

Die Zubereitung des Gewürzkuchens ist einfach. Und so geht's: Aus den Zutaten Mehl, Butter, Zucker und Ei wird ein Mürbteigboden hergestellt. Diesen in Folie wickeln und für 30 Minuten im Kühlschrank ruhen lassen. Den Backofen auf 180 Grad vorheizen. Nach der Ruhezeit des Teiges diesen in der Form ausrollen und mit einer Gabel einstechen. Alternativ kann der Teig auch direkt auf einem Backpapier ausgerollt und auf das Blech gelegt werden. Im Anschluss die Teigplatte fünf Minuten im Backofen vorbacken.

Für den Gewürzkuchen Mehl mit Kakao und den Gewürzen mischen und durchsieben. Die Butter auf kleiner Stufe auf dem Herd zerlassen. Die Eier mit dem Zucker schaumig schlagen und die etwas abgekühlte flüssige Butter dazugeben. Immer weiterrühren und dann abwechselnd die Mehl-Gewürz-Mischung und die Buttermilch hinzugeben. Sobald alles gut verrührt ist, die Schokotropfen unterheben und den Teig gleichmäßig auf der Mürbteigplatte verteilen. Die Teigschicht scheint sehr dünn, aber der Boden geht durch das Natron und die Buttermilch noch sehr schön auf. Die Masse bei 180 Grad für rund 25 Minuten fertig backen (Stäbchenprobe machen).

Nach dem Auskühlen des Kuchens die Schokolade mit dem Nutella schmelzen und gleichmäßig auf dem Gewürzkuchen verteilen. Zum Schluss nach Belieben mit Haselnusskrokant oder bunten Zuckerstreuseln garnieren. Guten Appetit!

Fotos: Lea Passian

WAS MAN BRAUCHT (für eine Kuchenform oder 12 Gläser)

- 4 Eier
- 100 g Puderzucker und zusätzlich noch etwas Puderzucker zum Garnieren
- 150 g Halbfettmargarine
- 1 Pck. Vanillepuddingpulver (zum Kochen)
- 500 g Magertopfen
- 3 EL Grieß
- 1 unbehandelte Zitrone

Gläser oder Kuchenform:
Die Gläser müssen hitzebeständig sein. Gut eignen sich kleine Einweckgläser. Man kann den Kuchen auch in einer Form mit Ø 25 cm backen.

Rezepttipp: Kuchen im Glas

Leas locker-leichte Kuchen im Glas

Topfen, Grieß, Margarine, Puddingpulver, Zucker und Eier –
aus wenigen Zutaten entsteht ein feiner Kuchen zum Auslöffeln.

VON LEA PASSIAN, MZ

Der Topfenkuchen im Glas ist ein Rezept für alle Fälle: Er ist genau das Richtige, wenn es schnell gehen muss. Aber auch, wenn man ein selbst gemachtes Mitbringsel braucht. Außerdem ist er locker und leicht, also fast ein Fastenrezept – und schmeckt auch noch ausgezeichnet.

Den Kuchen könnte man auch in einer Kastenform backen, aber im Glas finde ich ihn viel hübscher. Außerdem kann man ihn dann auch leicht als Geschenk mitnehmen, ihn als Nachspeise servieren oder ganz einfach zu Kaffee, Tee oder einer heißen Schokolade genüsslich auslöffeln. Im Einweckglas bleibt er sogar ein paar Tage frisch und saftig.

Und so geht es: Das Backrohr auf 180 Grad vorheizen. Dann schlage ich zunächst die Eier auf und trenne die Eidotter vom Eiweiß. Anschließend die Dotter mit dem Puderzucker in einer Schüssel schaumig rühren. In einem Topf die Margarine vorsichtig erwärmen, bis sie flüssig ist. Die flüssige Margarine in die Eidotter-Puderzuckermasse einrühren. Danach mit dem Puddingpulver, dem Grieß und dem Topfen vermengen. Mit Zitronenschalenabrieb und einem Spritzer Zitronensaft schmecke ich ab.

Das Eiweiß wird nun in einer separaten Rührschüssel steif geschlagen. Der Eischnee ist dann fest genug, wenn ich mir die Schüssel umgedreht über den Kopf halten könnte, ohne dass was herausläuft – aber bitte lieber nicht ausprobieren. Den Eischnee hebe ich vorsichtig unter die Teigmasse, sodass alles schön fluffig bleibt.

Die fertige Teigmasse wird mit einem Löffel in kleine Einweckgläser (kleine, hitzebeständige Marmeladengläser gehen auch) gefüllt und offen auf einen Rost auf der mittleren Schiene in das Backrohr gestellt. Bei 180 Grad Ober- und Unterhitze backen die Kuchen im Glas nun etwa 30 – 35 Minuten lang. Fertig sind sie dann, wenn sie eine goldbraune Farbe angenommen haben. Herausnehmen und abkühlen lassen. Wer gleich ein Stück vernaschen will – nur zu: Mit Puderzucker bestäubt schmeckt der Topfenkuchen lauwarm besonders gut. Aber auch kalt kann ich ihn empfehlen. Verschließt man die Gläser, solange der Inhalt noch warm ist, bleibt er darin einige Tage saftig und frisch.

Fotos: Isolde Stöcker-Gietl

WAS MAN BRAUCHT (für ein Backblech)

Für den Rührteig:
- 200 g Butter oder Margarine
- 150 g Zucker
- 1 Pck. Vanillezucker
- 1 Prise Salz
- 4 Eier
- 200 g Mehl
- 40 g Speisestärke
- 4 gestr. TL Backpulver

Für den Belag:
- 2 Gläser Pflaumen (je 385 g Abtropfgewicht)
- 2 Tortenguss klar
- 1 l Milch
- 1 Prise Salz
- 100 g Zucker
- abgeriebene Zitronenschale
- 150 g Milchreis
- 6 Blatt weiße Gelatine
- 600 ml Schlagsahne
- Zimt zum Bestreuen

Rezepttipp: Reispflaumenkuchen

Kuchen mit Kindheitserinnerungen

Auf einer Geburtstagsfeier wurde der Reispflaumenkuchen serviert – ein cremiges Kunstwerk, das schmeckt wie bei Mama.

VON ISOLDE STÖCKER-GIETL, MZ

Schon als Kind gehörte Milchreis zu meinen Lieblingsspeisen. Mit Zimt bestreut, ist er auch heute noch ein Seelentröster. Voller Kalorien, aber auch voller Erinnerungen. Dass Milchreis auch mit Kuchen kann, wusste ich lange nicht. Bis zu einer Geburtstagsparty bei Freunden. Dort bildete der Reispflaumenkuchen den Höhepunkt eines opulenten Abendmahls. Er war so gut, dass ich bei Hausherrin Martina um das Rezept bat. Wenige Wochen später schaffte es der Kuchen auch bei uns auf die Geburtstagstafel, wo ihn mein Vater mit den Worten „Den kann man essen", adelte. Bei so einem Lob soll das süße Stück auch den MZ-Lesern nicht vorenthalten werden.

Und so geht es: Für den Teig Butter oder Margarine mit dem Handrührgerät auf höchster Stufe geschmeidig rühren. Nach und nach Zucker, Vanillezucker und Salz unterrühren, so lange rühren, bis eine gebundene Masse entstanden ist. Eier nach und nach unterrühren. Mehl mit Speisestärke und Backpulver mischen, sieben und portionsweise unterrühren. Einen Backrahmen auf ein vorbereitetes Backblech (30 auf 40 Zentimeter) stellen, den Teig einfüllen und glatt streichen. Das Blech bei 160 Grad Heißluft (180 Grad Ober-/Unterhitze) für 20 Minuten in den Backofen schieben. Den Kuchenboden erkalten lassen.

Für den Belag Pflaumen auf einem Sieb abtropfen lassen, den Saft auffangen. Die Pflaumen etwas zerkleinern. Vom Saft 500 ml abmessen. Aus Tortenguss und Saft nach Packungsanweisung einen Guss zubereiten, die Pflaumen unterheben, die Masse etwas erkalten lassen und auf den Kuchenboden streichen.

Milch mit Salz, Zucker und Zitronenschale in einem Topf zum Kochen bringen. Den Milchreis unter Rühren einstreuen, kurz aufkochen lassen und nach Packungsanleitung ausquellen lassen. Die Gelatine einweichen, ausdrücken und so lange unter den heißen Milchreis rühren, bis sie sich aufgelöst hat. Die Reismasse etwas abkühlen lassen, zwischenzeitlich immer wieder umrühren. Wenn der Milchreis erkaltet ist, die Sahne steif schlagen und unterheben. Die Masse auf den Pflaumen verteilen und glatt streichen. Den Kuchen am besten über Nacht kalt stellen. Vor dem Servieren den Backrahmen lösen und den Kuchen mit Zimt bestreuen.

Fotos: Doris Zupfer

WAS MAN BRAUCHT (für eine Springform Ø 26 cm)

Für den Biskuitboden:
- 4 Eier (trennen)
- 4 EL heißes Wasser
- 1 Vanillezucker
- 150 g Zucker
- 100 g Mehl
- 50 g Stärkemehl
- Knapp ¾ TL Backpulver

Für die Creme:
- 500 g Magerquark
- 500 g Sahne
- 125 g Zucker
- 1 Pck. Vanillezucker
- 250 ml Maracujasaft
- 10 Blatt Gelatine

Für den Guss:
- 2 Pck. Tortenguss klar
- 375 ml Maracujasaft
- 125 ml Wasser
- 1 Becher Sahne
- Geleefrüchte als Garnitur

Rezepttipp: Maracuja-Torte

Sommerliche Maracuja-Torte

Diese Käsesahnekreation überzeugt durch ihr fruchtiges Aroma und schmückt jede Festtafel.

VON ISOLDE STÖCKER-GIETL, MZ

Die Backkünste meiner Schwester Doris sind extrem gefragt. Beim Frauenstammtisch muss sie ständig Rezepte weiterreichen. Auf Veranstaltungen werden ihre berühmten Nussecken verlangt. Manchmal führt sie sogar Backberatungen am Telefon durch. Deshalb hat sie sich auch erst nach einigem Zögern von mir überreden lassen, mal wieder eines ihrer Rezepte für die MZ-Leser herauszurücken. Der Jahreszeit entsprechend ist es eine sommerliche Torte, die schmeckt und jede Festtafel schmückt. Und wie es sich für ein empfehlenswertes Rezept gehört, ist die Maracuja-Käsesahnetorte auch nicht allzu aufwendig zuzubereiten.

Zunächst wird der Biskuitboden hergestellt. Dafür die Eier trennen. Die Eidotter mit heißem Wasser und Vanillezucker schaumig schlagen und dabei 100 g Zucker nach und nach einrieseln lassen. Das Eiweiß schnittfest schlagen und 50 g Zucker zugeben. Eischneemasse zur Eidottermasse geben, darauf Mehl, Stärkemehl und Backpulver sieben und mit dem Schneebesen locker verrühren. Den Biskuit in eine Springform (26 cm Durchmesser) füllen und bei 160 bis 170 Grad Ober-/Unterhitze etwa 20 – 25 Minuten auf der zweiten Schiene von unten backen. Den ausgekühlten Biskuit in der Mitte durchschneiden und um den unteren Boden einen Tortenring legen. Für die Creme Gelatine in kaltes Wasser einweichen. Quark mit Zucker, Vanillezucker und circa 200 ml Maracujasaft verrühren. Den Rest vom Maracujasaft auf kleiner Flamme erwärmen (nicht kochen!) und die gut ausgedrückte Gelatine darin auflösen. Etwa 3 EL der Quarkcreme zur aufgelösten Gelatine geben, gut verrühren und dann die Gelatine-Quarkmasse zur restlichen Quarkcreme unter Rühren dazugeben. Die Masse kalt stellen. Sahne steif schlagen. Sobald die Maracuja-Quarkcreme zu gelieren beginnt, die Sahne unterheben und die Masse auf den Biskuitboden streichen. Den zweiten Biskuitboden drauflegen. Guss aus Tortengusspulver nach Packungsanleitung, aber mit 375 ml Maracujasaft und 125 ml Wasser zubereiten und auf den oberen Biskuitboden gießen.

Die Torte am besten über Nacht kühlen. Vor dem Servieren mit Sahne und Geleefrüchten verzieren.

Fotos: Monika Pöllmann

WAS MAN BRAUCHT

Für den Teig:
- 300 g Mehl
- ½ Pck. Backpulver
- 75 g Zucker
- 150 g Margarine
- 1 Ei

Für die Füllung:
- 1 Pck. Vanillepudding
- ½ l Milch
- 100 g Backmohn
- 50 g Zucker
- 125 g Butter
- 400 g Schmand
- 3 EL Zucker
- 2 EL Milch
- 1 Pck. Vanillezucker
- 3 Eigelb
- 3 Eiweiß (geschlagen)

Rezepttipp: Mohnkuchen

Ein Kraftspender für Olympioniken

Was fällt Ihnen spontan ein, wenn Sie das Wort „Mohn" hören? Klar: Kuchen. Und jede Menge Gruselmärchen über das wunderbare Gewürz.

VON MONIKA PÖLLMANN, MZ

Haben die Großeltern nicht behauptet, Mohn mache süchtig? War nicht die Rede davon, dass man bei zu viel Mohngenuss sogar dumm werde? Mitnichten. Diese Gerüchte, über Generationen weitererzählt, gehören ins Reich der Märchen. Und wer es nicht glauben will: Sogar Ernährungswissenschaftler haben sich mit dem Thema beschäftigt. Und ihr Forschungsergebnis war eindeutig: Speisemohn ist unbedenklich. Der Mohn trat seinen Siegeszug vor vielen tausend Jahren an: Die Ägypter verwendeten den Samen zum Würzen. Die Griechen schätzten ihn und das aus ihm gewonnene Öl als Kraftnahrung für ihre Olympiasportkämpfer. Märchenhaft, dass Mohn Kraft gibt. Die beste Ausrede, um den Mohnkuchen, den wir Ihnen vorstellen, ausgiebig zu kosten.

Wenn am Sonntag unangekündigter Besuch kommt und sie schnell eine Köstlichkeit zaubern möchten, ist der Kuchen allerdings weniger geeignet. Weil er gut abgekühlt sein muss, um ihn auch anschneiden zu können.

Zuerst werden alle Teigzutaten zu einem Mürbteig verarbeitet und anschließend in eine Springform eingearbeitet. Der Teig lässt sich leichter weiterverarbeiten, wenn man ihn eine halbe Stunde ruhen lässt. Dann geht es an die Füllung, die genau genommen aus zwei Teilen besteht.

Und so geht's: Vanillepudding, Zucker und Milch aufkochen. Mohn, Butter, 200 g Schmand unter die noch warme Masse rühren, anschließend auf dem Mürbteig verteilen und bei 180 Grad für 35 – 40 Minuten backen. 200 g Schmand, Zucker, Milch, Vanillezucker und Eigelb verrühren und das Eiweiß unterheben. Nach der vorgegebenen Backzeit den Kuchen aus dem Ofen nehmen. Die Masse auf dem Kuchen verteilen, nochmals 10 – 15 Minuten backen.

Nach der Backzeit den Kuchen in der Backröhre abkühlen lassen. Eilige stellen ihn für ein paar Stunden in den Kühlschrank, um ihn noch am gleichen Tag servieren zu können. Unser Tipp: Lassen Sie den Mohnkuchen über Nacht durchziehen, dann ist die Füllung sicher schnittfest. Guten Appetit!

Fotos: Monika Pöllmann

WAS MAN BRAUCHT

Für den Biskuit:
- 35 g Butter
- 5 Eier (Größe M)
- 1 Prise Salz
- 150 g Zucker
- 1 Pck. Bourbon-Vanillezucker
- 150 g Mehl
- 25 g Stärke

Für Kompott und Mousse:
- 750 g Rhabarber
- 230 g Zucker
- 1 Prise gemahlenen Zimt
- 300 ml Rhabarbersaft oder roten Fruchtsaft
- 1 Pck. Vanillepuddingpulver
- 1 Pck. Gelatine
- 3 frische Eigelb (Gr. M)
- 1 Pck. Bourbon-Vanillezucker
- 1 EL unbehandelte Zitronenschale
- 200 ml Milch
- 400 g Speisequark (20 %)
- 600 g Sahne
- 100 g Marzipanrohmasse

Rezepttipp: Rhabarber-Mousse-Torte

Diese Torte gibt es nur bis Ende Juni

Jetzt ist Rhabarber-Zeit. Aus den süß-sauren Stangen, Biskuit und mehrerlei Quarkcreme entsteht eine süße Versuchung.

VON MONIKA PÖLLMANN, MZ

Kein Frühling ohne Rhabarber! Wie immer drängt bei diesem Gemüse die Zeit. Denn letztmals soll es am 24. Juni, am Johannistag, geerntet werden. Dieser Termin, sagen Gartenexperten, sei gesetzt, weil der Rhabarber sonst noch einmal austreibt.

Und so geht die Zubereitung: Für den Biskuitteig die Butter schmelzen und eine Springform (26 cm) mit Backpapier auslegen. Jetzt die Eier trennen, Eiweiß und Salz steif schlagen und 75 g Zucker einrieseln lassen. Übrigen Zucker, zwei Esslöffel Wasser, Eigelb und Vanillezucker dickcremig aufschlagen. Dann den Eischnee daraufgeben, unterziehen. Mehl und Stärke mischen, darübersieben und unterziehen. Butter kurz darunterschlagen. Den Biskuit circa 35 Minuten bei 175 Grad backen. Über Nacht in der Form auskühlen. Für die Mousse Rhabarberstangen putzen, in feine Stücke schneiden und mit 80 g Zucker und etwas Zimt in einer Schüssel 30 Minuten Saft ziehen lassen. Rhabarber abtropfen, Saft auffangen, mit Fruchtsaft auf 400 ml auffüllen. 4 EL davon mit Stärke verrühren, übrigen Saft aufkochen und angerührte Stärke einrühren. Jetzt Rhabarber zugeben und knapp garen – die Stücke sollen aber nicht zerfallen.

Den Biskuit in drei Böden teilen. Einen Teil auf eine Platte setzen, Tortenring darumschließen und die Hälfte des Kompotts darauf verteilen. Nun den zweiten Boden auflegen, auskühlen lassen. Das übrige Kompott in einer Schüssel kalt stellen. Gelatine auflösen, Eigelb, Vanillezucker, Zitronenschale und den Rest Zucker aufschlagen, Milch aufkochen, unter die Eicreme schlagen. Eigelb-Milch-Mischung zurück in den Topf geben und unter Rühren erhitzen, bis die Creme dicklich wird (nicht kochen!), etwas abkühlen lassen. Gelatine unter die warme Eigelbcreme geben und auflösen lassen, Quark unterrühren, kühl stellen. Sahne steif schlagen und unter die gelierende Creme ziehen.

Quarkcreme halbieren. Marzipan raspeln, unter eine Cremehälfte ziehen und auf den Boden streichen und den dritten Boden darauflegen. Nun das übrige Rhabarberkompott nochmals kurz durchrühren und schlierenartig unter die restliche Creme ziehen. Auf dem Boden verstreichen. Mit Folie bedeckt soll die Torte im Kühlschrank über Nacht gelieren.

Fotos: Isolde Stöcker-Gietl

WAS MAN BRAUCHT (für eine Springform mit Ø 28 cm)

Für den Teig:
- 4 Eier
- 125 g Zucker
- 1 Pck. Vanillezucker
- 3 EL warmes Wasser
- 75 g Mehl
- 50 g Speisestärke
- 1½ TL Backpulver

Für die Füllung:
- 8 Blätter Gelatine
- 300 ml Buttermilch
- 150 g Zucker
- 4 – 5 Biozitronen
- 4 Becher Sahne
- Braunen Zucker
- Minzblätter

Rezepttipp: Zitronentorte

Zitronige Grüße an den Sommer

In festlichem Weiß macht diese Torte auf jeder Kaffeetafel etwas her und ist dennoch leicht herzustellen.

VON ISOLDE STÖCKER-GIETL, MZ

Meine Schwägerin hatte sich zur Taufe ihrer Tochter Theresia einen zitronigen Kuchen gewünscht. Also wurde im Internet gestöbert und die Wahl fiel auf diese Zitronentorte. In edlem Weiß passt sie schließlich gut zu festlichen Anlässen. Seit der Taufe wurde die Zitronentorte auch zu Erstkommunionen und Kindergartenfesten geliefert und kam immer gut an. Was sich bewährt hat, muss auch weiterempfohlen werden. Deshalb kommt die säuerliche Sommertorte nun auch als Empfehlung zu den MZ-Lesern.

Und so wird sie gemacht: Für den Tortenboden die vier Eier trennen. Das Eiweiß mit Vanillezucker und 65 g Zucker steif schlagen. Das Eigelb mit drei Esslöffeln warmem Wasser sowie 60 g Zucker cremig aufschlagen. Mehl, Backpulver und die Stärke durch ein Sieb zur Eigelbmasse geben und unterrühren. Zum Schluss das Eiweiß vorsichtig unterheben. Den Teig in eine vorbereitete Springform (ø 28 cm) geben und circa 25 Minuten bei 180 Grad Ober-/Unterhitze backen, bis der Boden goldbraun ist. Die Backofentür einen Spalt öffnen, aber den Kuchen noch im Backrohr lassen, damit er seine schöne Höhe behält.

In der Zwischenzeit die Zitronen auspressen und den Saft abmessen. Für die Füllung werden 110 ml Zitronensaft benötigt. Von einer Zitrone die Schale abreiben. Buttermilch, Zucker, Zitronenschale und -saft in einer Schüssel verrühren. Die Gelatine nach Packungsanweisung ins Wasser legen, ausdrücken und bei leichter Hitze auflösen. Etwas Buttermilchmasse zur Gelatine geben, gut verrühren und dann die Gelatinemasse mit einem Schneebesen unter die Buttermilchmasse arbeiten, so entstehen keine Klümpchen. Im Kühlschrank etwas fest werden lassen. Nun drei Becher Sahne schlagen und mit der leicht fest gewordenen Buttermilchmasse verrühren. Den Tortenboden einmal quer halbieren und um den unteren Boden einen Tortenrand legen. Die halbe Füllung auf den Boden streichen und den zweiten Boden auflegen. Nun die restliche Hälfte der Füllung darauf verteilen und glatt streichen. Die Torte über Nacht durchziehen lassen. Zum Garnieren einen Becher Sahne schlagen und die Torte rundherum verzieren. Mit Zitronenscheiben und nach Geschmack braunem Zucker und Minzeblättern garnieren. Guten Appetit!

15,90 Euro
ISBN 978-3-942389-25-9

Das Medienhaus
Meine Zeitung für zuhause
Das Medienhaus für mein Leben